邂逅佛教

人世間的一處歸宿

路易斯・蘭卡斯特　著

李苑嫣　等譯

BUDDHIST ENCOUNTERS

Finding a Home in the Human Condition

LEWIS R. LANCASTER

獻給星雲大師——
殊勝妙道，緣契吾生

目錄

致謝

財團法人佛光山人間佛教研究院謹代表《邂逅佛教：人世間的一處歸宿》出版團隊，向在本書出版歷程中鼎力相助之諸位善知識與護法朋友，致以由衷感謝。

首先，本書謹獻給佛光山開山祖師星雲大師。一九八九年，大師於第十六屆世界佛教徒聯誼會大會期間，於美國西來寺與路易斯・蘭卡斯特教授初次結緣，二人自此法誼篤深，情誼綿延，直至大師圓寂，歷貫一生。在近四十年的深厚友誼中，蘭卡斯特教授應邀出任星雲大師於一九九一年創辦、位於美國加州羅斯密市之西來大學校長（任期為二〇〇四年至二〇〇六年），其任內在西部學校與學院協會（WASC）認證過程中扮演關鍵角色，貢獻卓著。多年來，蘭卡斯特教授亦擔任佛光山多項重要學術計劃的學術顧問，包括「佛光大辭典英譯計劃」、「磧砂藏數位化計劃」，以及《人間佛教研究論文選》學術年刊等。其畢生致力研究的「佛教海線絲綢之路」專案，在星雲大師大力支持下，由佛光山人間佛教研究

財團法人佛光山人間佛教研究院

院出版，並轉化為國際展覽——「佛教海線絲綢之路——新媒體藝術展」，於高雄佛光山佛陀紀念館展出。大師與學者之間所締結的深厚法誼，超越語言文化，成就殊勝因緣，堪為人間佛教典範。

本書內容源自兩場系列講座：「遇見生命」（Encountering Life）與「佛教視角下的人類境遇」（The Human Condition: A Buddhist Perspective），皆由美國西來大學宗教系策劃，並由國際佛光會透過「雲端講堂」平台播出。講座時間橫跨二〇二〇年至二〇二三年，彼時正值新冠疫情襲捲全球，世局動盪、人心不安，是全球面臨重大挑戰的艱難時期。蘭卡斯特教授結合自身生命經歷，深入闡釋佛教的智慧與慈悲，如何幫助我們洞察人類的境遇，並指引出離無明與困頓的光明之道。他對佛法的深刻體悟與啟發人心的弘法風格，將持續啟迪讀者的思想與信念。

同時，本院特別感謝美國佛光山西來寺住持慧東法師、西來大學謝明華校長及宗教系全體同仁，共同促成此系列講座的圓滿實現。並銘謝整合與全人醫學專家克里斯・吉爾伯特（Chris Gilbert, M.D., Ph.D.）博士，慨然同意授權重刊其與蘭卡斯特教授的兩篇深度專訪，原刊載於《今日心理學》（*Psychology Today*）二〇二三年十二月與二〇二四年一月號。

此外，誠摯感謝英文原文著作之編輯與校對團隊：妙光法師、李苑嫣、知笙法師、湯姆・哈伯特（Tom Halbert）、知桐法師、魏民安（Andrew Nguy）、龍佳美（Jayme Long）；封面攝影由莎拉・奧利佛（Sarah Oliver）拍攝；書中插圖則使用 AI 圖像生成工具 Midjourney 製作，並由李苑嫣、包忠蕙、吳依穗、趙冠茹進行後製處理。這種融合創新科技的呈現方式，也正體現蘭卡斯特教授擁抱世界新知、接納創新技術的開放精神。

中譯本的完成，尤須感謝背景多元、彼此協作的翻譯與校潤團隊，讓譯稿得以層層潤飾、漸臻成熟。參與翻譯者包括：李苑嫣、林寧靜、黃馨玉；校潤者包括：如地法師、潘青霞、王一帆、陳一銘、陳怡靜、知成法師、知進法師、知宇法師。

願本書能啟發讀者，以不同視角重新理解「人類境遇」，並體會佛陀二千六百年前所說教法，至今依然是面對生命的智慧歸宿。期盼讀者在閱讀過程中，不僅獲得思想上的啟發與慰藉，更能從蘭卡斯特教授的深刻洞見與生命故事中，看見一條通往平靜、慈悲與覺察的道路——那正是佛法在人間發光發熱的所在，也是我們今日所最需珍惜的精神資糧。願此書如一盞明燈，溫柔地照亮每一位讀者的心。

二〇二五年七月

推薦序一

摘錄自《星雲大師全集・參學瑣憶》

星雲大師　佛光山開山祖師

蘭卡斯特教授（一九三二～），美國維吉尼亞州人，是研究藏經版本的專家。威斯康辛大學博士，曾任柏克萊大學東方語言文化系主任，為柏克萊大學佛學博士班創辦人之一，受新加坡教育部聘請編輯佛教教科書。

記得三、四十年前，我到新加坡弘法，聽聞有一位美籍人士，為新加坡編寫佛教教科書，我覺得這是非常難得的事，就很關注他在佛教裡的活動。之後，知道他在三藩市柏克萊大學擔任教授十多年，又這麼熱心佛教，三藩市又距離洛杉磯不遠，只有一個小時的機程，於是我邀請他任西來大學校長，他非常歡喜的承擔了。

蘭卡斯特教授到西來大學，擔任三年的校長，從 I-20 證照進而得到 WASC 委員會的認可，讓西來大學成為美國西部大學聯盟的一個學校，代表著從西來大學畢業的學生，其學歷全世界的學校都認可，蘭卡斯特教授可說功不可沒。

蘭卡斯特教授雖然是美國人，卻通曉中文，尤其，他對編印大藏經最為熱心，佛光山大藏經的電子化，很多都由他幫忙指導。

目前，全世界最大的梵文佛典網站，是西來大學的「數位佛教經典」（**Digital Sanskrit Buddhist Canon**）。網站就是由蘭卡斯特校長與尼泊爾龍樹正法書院（Nagarjuna Institute of Exact Methods, Nepal）的負責人，明・巴哈杜如・釋迦教授（**Min Bahadur Shakya**）共同指導，而由米洛・釋迦（**Miroj Shakya**）（美國西來大學的佛教學碩士）負責執行完成。

只是在美國人的觀念裡，不能一直留戀主管的頭銜，到一定時間，總要大家輪流，因此就換了另一位美籍人士史蒂夫・摩根（Dr. Stephen Morgan）擔任校長，蘭卡斯特教授則擔任西來大學的董事。

只要佛光山有文化或教育活動，他都會從美國趕來台灣參與，就這樣台美往返來去，真是比佛光山的人，還更加勤快熱忱。

西來大學也常請我前去上課，為配合我的行程，時間都排到晚上，蘭卡斯特教授會就近住在學校，每晚從不缺席的聽課，他對佛教信仰的虔誠，實在令我感動。

我對這位現今九十高齡的美籍教授，真是感謝不已，不過他並不要我們的感謝，他經常說：「很感謝佛教能傳來美國，將漢傳的經典、文化，融入美國的文化裡，增加美國文化的內容。當然我也希望，能將美國先進的科學理念，貢獻給中國的佛教，讓兩國間的文化，也能相互輔助、相互發展。談到人間佛教，其實就是星雲大師。雖然太虛大師有提過人生佛教，但是人間佛教最根本、最精華的教義都是從星雲大師的思想裡面開展出來的。沒有人能像星雲大師一樣如此完整的呈現人間佛教的理念和實踐了。」

我想這些話，大概是蘭卡斯特教授幾十年來與我們的結緣，最重要的思想理念了。

推薦序二

家師的老朋友

佛光山住持　心保和尚

謹代表家師，佛光山開山祖師星雲大師，為蘭卡斯特教授新書《邂逅佛教：人世間的一處歸宿》執筆推薦。蘭卡斯特教授於佛教學術界貢獻卓著，尤在大藏經數位化方面，堪稱領航者。

蘭卡斯特教授與佛光山及星雲大師因緣深厚，久歷歲月。他不僅是佛學泰斗，亦為大師的老朋友，以及佛光山教團和佛光山教團系統大學的不辭支持者。其學術研究與教學，盡顯對佛教智慧之深悟與熱忱，能以淺顯之辭，融佛法於現代生活。

蘭卡斯特教授的智慧與德行，令人敬佩。其與家師交往，常流露對佛法真諦之體悟及與時俱進發展佛教之堅定信念。昔日在美國道場任職期間，親見教授於佛教事業上展現的創造力與奉獻。教授對佛教義理之精研與教學上之無私，為當代佛教學人樹立榜樣。

《邂逅佛教：人世間的一處歸宿》乃蘭卡斯特教授多年學佛經歷之結晶，亦其對佛法智慧之深刻反思。教授以深厚學養與豐富閱歷，緊扣佛教核心思想與現代社會挑戰，為讀者提供寶貴心靈指引。書中探討因果、空性、自我等深刻主題，亦對當代欲望、種族主義、新冠疫情等課題，提出實踐性見解與省思。

教授自謙所知有限，實際其課堂和文章充滿生命力與感染力。讀者透過此書，可感受教授對生命之熱愛、智慧與慈悲之追求。書中寶貴經驗與智慧，必能惠及廣大讀者。

如教授所言，佛教不僅為宗教信仰，更是生活智慧，引導我們在變幻莫測之世間，尋得內心平靜與安寧。

誠摯推薦《邂逅佛教：人世間的一處歸宿》，此書充滿哲思，值得細讀珍藏。願此書啟發更多讀者，尋得人生智慧與心靈歸宿。

推薦序三

星雲大師與蘭卡斯特教授：跨越時空的友誼與智慧

慈惠法師　佛光山開山寮特助／佛光大學董事長

在《佛光大辭典》英譯版即將完成之際，我不禁想起家師星雲大師與路易斯・蘭卡斯特教授兩人的深厚友誼。他們之間的交往，跨越了文化、國界和語言的藩籬，理念契合，兩人一生都為佛教精進努力，宛如浩瀚星空中的兩顆璀璨明珠。這份志同道合的友誼，不需日常相見或話語頻繁，通過心靈的共振，體現對彼此的理解和尊重。

師父常說，他在蘭卡斯特教授身上看到一位大學者的風範，溫文儒雅、品行高尚、學問深厚，無時無刻展現優雅和真誠。不論是在學術交流還是日常生活，總是充滿禮貌和關懷，讓人感受到他深厚的文化修養。

一九八八年，洛杉磯佛光山西來寺舉辦世界佛教徒友誼會，當時蘭卡斯特教授也來參加，並提出佛學研究結合電腦技術的創新構想。在那個年代，這是一個超前的想法，會議上並不被廣泛接受，只有師父給予讚賞。對此，蘭卡斯特教授表示，師父的這份支持，成為他日後學術生涯的重要轉折點。

蘭卡斯特教授出生於美國維吉尼亞州，一九五四年在南加州大學初次接觸佛教，從此開啟他一生佛學研究之旅。他在威斯康辛大學獲得博士學位後，於加州大學柏克萊分校創辦佛教研究所，直到二〇〇〇年退休，學校為表彰他的貢獻，授予他「終身榮譽教授」。他精通中文，對藏經版本有深入研究，並且在佛教經典數位化方面的成就，對全球佛學研究有著深遠影響。

師父對蘭卡斯特教授致力佛教學術研究很是敬佩，這種敬佩延續在他們之後多年的交往中。每逢佛光山舉辦學術會議，師父必定邀請蘭卡斯特教授做主題演講（keynote speech），這不僅是對他的敬重，更是對其學術理念的共鳴。而令人感動的是，蘭卡斯特教授即使行走世界各地演講、教學，必定應師父之請出席佛光山的會議，並且探望他的老朋友——師父。

其實，蘭卡斯特教授家住哪裡我們並不知道，一直到後來才聽說他搬到舊金山靠海邊的地區。在美國，靠海邊或山上的住宅都屬於高級區，為什麼要搬到海邊呢？原來這個決定背後，充滿了對家庭的深厚情感，教授是為了給他的太太——一位熱愛藝術的畫家——提供一個激發創作靈感的環境。得聞這個搬家的原因，師父特別派慧開法師前往拜訪表示關懷，可見師父對這份友誼的珍視，以及對他們家庭幸福的祝福。

感佩於蘭卡斯特教授對佛教研究的熱忱與投入，師父邀請他前來擔任佛光山西來大學校長。才初創校不久的西來大學，就在蘭卡斯特教授的學術威望以及前任校長陳迺臣教授的努力下，於二〇〇六年成功取得美國西區大學聯盟（WASC）正式會員的資格，這是大學聯盟對教授在佛教教育領域貢獻的肯定，同時極大的幫助了西來大學的發展。

二〇一八年末，蘭卡斯特教授來到佛光山，表達想將他多年來帶領團隊拍攝佛教聖地，整合各項領域的研究文獻與成果——「佛教海上絲路地圖」做出一個展覽。師父聽聞，毫無猶豫的歡喜應允護持，並囑弟子佛陀紀念館館長如常法師全力協助。

如常法師告訴我，他曾請教蘭卡斯特教授：這項計劃和許多博物館都洽談過，為何最終選擇交給佛光山執行？教授說，他一直非常欽佩師父對佛法的弘揚和不惜代價地支持佛教的發展。他相信，這個新媒體技術在佛陀紀念館展出，可以讓他畢生研究的心血得到完整的保存，並且利益更多人了解佛教。

二〇一四年，《佛光大辭典》英譯計劃在師父的指導下啟動，由現任佛光山人間佛教研究院副院長妙光法師承擔執行。師父特別邀請蘭卡斯特教授擔任最高學術指導，帶領來自全球各地佛教學者、研究員、近百位編譯義工所組成的團隊展開此項計劃。當時八十二歲的蘭卡斯特教授，一本對佛學的初衷熱情，無論是實體、或拜現代科技方便做線上的討論，十年來，每週定期與團隊開會指導，這股精神毅力，就是後輩學子的模範。

蘭卡斯特教授曾表示，非常感謝佛教傳入美國，將漢傳的經典和文化融入西方文化中，豐富了西方文化的內涵；他也希望將先進的科學理念貢獻給中國的佛教，促進東西方文化的相互輔助和發展。他認為，《佛光大辭典》的英譯對佛教在西方的弘傳具有重大意義和貢獻。

二〇二三年二月師父圓寂，當時九十一歲高齡的蘭卡斯特教授不顧年邁，親赴西來寺參加追思會。他說，師父不僅是摯友，更是信仰相交的知己，師父對佛教及世界的貢獻無可比擬，能夠與師父生活在同一個時代，是一種無上的榮幸。同年五月，蘭卡斯特教授在家人、醫生朋友的陪同下，特意從舊金山飛抵台灣，除了出席佛光山舉辦的「星雲大師紀念學術論壇」外，更將其一生研究成果及著作授權佛光山。

他深知自己年事已高，來日不多，堅持前來向他的老朋友緬懷致意。在藏經樓宗祖殿供奉師父的法像前，蘭卡斯特教授請求所有人不用陪同在側，他獨自一人，靜靜地坐在師父對面，透過心靈交流來感受彼此的存在與智慧的傳遞。那坐在輪椅上俯首合十的身影，深印在我腦海中，令人動容。

我想，真正的友誼，無需依賴語言，而是一種心靈的相通與共鳴；他與師父這份道誼友情，可謂是一種精神上的契合與神往的最佳詮釋。

二〇二四年七月，於佛光山開山寮會議室

推薦序四

一位堪稱當代菩薩的長者

謝明華　美國西來大學校長

在公共高等教育領域耕耘三十一年後，我於新冠疫情期間出任位於加州羅斯密市的西來大學校長一職。當時疫情肆虐全美，幾乎每個社區陷入封鎖隔離，校園被迫關閉，教學研究也因居家防疫命令而全面停擺。那段日子裡，校園顯得格外靜謐，卻籠罩著不安與未知的陰影。那群日復一日出沒在我辦公室窗外的土狼，成了我在靜寂校園中唯一的陪伴。在疫苗尚未問世的階段，沒有人知道正常生活何時能夠恢復，校園又將何時重拾往日的朝氣與活力。此外，這場疫情不僅帶來無數個體的悲痛，也深深撼動了國家與世界的秩序。那是一段人類飽受苦難與懷疑的時期。疫情無差別地侵襲世界的每一個角落，這場危機無人能倖免。居家隔離政策幾乎中斷了人與人之間的日常互動。在此情境下，以 ZOOM 為代表的資訊科技遂成為維繫聯繫、延續知識與情感交流的重要媒介。

正是在這段動盪不安的時期，西來大學於二〇二〇年秋季啟動了一系列線上講座，使社區得以在全球危機中雲端聚首，共同學習交流佛法。這項講座之所以得以實現，實仰賴路易斯．蘭卡斯特教授（**Dr. Lewis R. Lancaster**）的鼎力支持。在講座系列正式開始前，我有幸透過 **ZOOM** 與蘭卡斯特教授會面，並於其後每週與他定期交流。不久之後，我深深感受到，他是一位德慧兼備、堪稱當代菩薩的長者，一位謙和而備受敬重的學者，長年任教於加州大學與西來大學，致力於佛教教學與研究逾七十載。

書中，蘭卡斯特教授多次提醒我們，佛法對人生境遇有著深刻的觀照：有「苦」，亦有「離苦之道」。他指出，佛教修行是幫助人們直面現實、理解無常法則的途徑。蘭卡斯特教授的教導，不僅植基於佛法教義，更源自他個人生命歷程與對安然自在人生的深切體悟。從他在韓國釜山近郊大寺院初訪方丈，到在台灣佛光山與星雲大師的首次相識，這些經歷皆成為他教學中鮮活而深具啟發的素材。他的授課風格如同說書人般親切動人，常透過與家人、鄰里、陌生人乃至學者的互動經驗，生動詮釋佛法要義。同時，我們也深刻意識到，新冠疫情對全球多地造成了嚴重的經濟動蕩與社會不平等。蘭卡斯特教授反覆提醒，佛教是一種活在現實中的修行方式，而人生本質極為複雜，唯有培養平等心，乃為安住之道。在此多變的人世間，亦唯有透過修習慈悲，方能解脫苦難，走向自在。

在佛教裡，最好的朋友是一位在順境與逆境中皆願扶持助緣，既是導師，亦是慈悲的善知識。當我閱讀《邂逅佛教：人世間的一處歸宿》一書時，不禁想起星雲大師的智慧與教誨。蘭卡斯特教授與星雲大師可謂是理念相通、願行一致。

譯者序——

緩緩走進你內心的一本書

譯者群

翻譯的工作，不只是語言的轉換，更是一種心意的傳遞。本書的中譯初衷，是希望讓中文讀者也能懷著寧靜與敬意，走近這位現年九十三歲的美籍佛學泰斗——路易斯．蘭卡斯特教授，傾聽他娓娓道來，關於病與老、放下與慈悲、愛與包容的生命故事和體悟。

作者曾在去年英文原著的新書訪談中提到，這不是一本按部就班講述人生歷程的書，而是由日常片段與深刻感受交織而成的作品。因此，讀者可以從任何一篇開始閱讀，讓文字在心中停留、相遇、醞釀，靜靜發酵。

本書主要由十七篇文章構成，篇幅雖短，卻處處流露出歲月沉澱後的洞見。語氣平實，字裡行間夾帶著作者經歷後的坦然與清澈。有時像低聲自語，有時像在靜靜邀請讀者一同思索。這樣的文字，多出自作者痛失愛妻、身體老邁與生病療養期間的反思，情感真摯而細膩。

為了讓這份細膩與深刻觸動更多中文讀者，本書邀集多位譯者與校潤者共同合作完成。團隊成員背景多元，既有在家居士與出家眾，來自佛教實踐與人文研究的不同領域。書中部分篇章涉及身體病痛與療養經歷，並非所有譯者皆有相似的親身體驗，因此在分工上多選擇自身較為熟悉的主題進行翻譯，也特別留意不輕率代入詮釋。在翻譯與潤飾的過程中，譯者們皆力求貼近原作者的語氣與筆調，忠實傳達其思想與情感。因各人筆觸略有不同，書中篇章在語氣與風格上或有細微差異，這既展現出集體翻譯的自然風貌，也成為彼此學習與交流的珍貴契機。

另一方面，本書原文多出自作者的講座與對談紀錄，因此語言節奏保留了一定的口語特質與跳躍感。在翻譯與整理的過程中，團隊也曾討論是否將語句理順，使其更符合書面語的邏輯。然而，最終選擇保留這樣的自然節奏，因為我們相信，這些片段之間的停頓與轉折，正是貼近人心的語調。比起「文章的完整」，也許那份「陪你說話」的感覺更為可貴。

值得一提的是，作者是佛光山開山祖師星雲大師的老朋友，長年投入人間佛教的實踐與推廣。然而，身為西方學者的他，其思考方式深受西方理性思辨與人文哲學的影響。在書中，他經常以邏輯推演、哲理提問的方式探討佛教觀念與人生課題，有時似乎在闡述自身觀點，有時又為不同立場保留理解的空間。這樣的講授風格，對習於以信仰為依歸的部分佛教徒讀者而言，初讀時或許略感陌生，但隨著閱讀漸深，必可感受到其中的開放、餘韻與共鳴。

或許這正是本書最耐人尋味之處——它不急著帶領讀者尋找正確答案，而是悄悄提醒：我們也可以學習不被答案所限制。不是為了指引，而是為了陪伴；不是為了給予答案，而是為了引發思考。這樣的節奏與姿態，或許正是作者希望與讀者共享的閱讀體驗。

因此，這本書並不僅寫給佛教徒，更不限於有宗教信仰的人。它適合每一位面對老去、病痛、失落與生活變動的人。更確切地說，它寫給每一位願意停下腳步、靜靜聽一段故事的人。您可以想像，一位推著助行器的長者，在午後的陽光下緩步前行，然後面帶祥和地說：「我走過這些路，也曾有這些掙扎與不安。你不必和我一樣，但你可以聽聽看。」

願這本書能在讀者心中，開啟一扇柔和的窗。讓人在繁忙與困頓之中，有片刻靜默的空間，慢慢靠近文字背後那份沉著與寬厚，窺見另一種生活節奏、另一種看待人生的方式。當生命的三大信使——老、病、死——前來敲門時，也能多一分從容與安定，以自己的步伐，不疾不徐地走過那無可避免的相遇。

書頁闔上之際，某些思緒仍會在心中輕輕蕩漾，如低語般餘韻悠長——這是一本，緩緩走進你內心的書，靜靜為你築起一份面對時代與人生的力量。

二〇二五年七月

自序

路易斯．蘭卡斯特

多年來，正因無數人的支持與協助，引領我一路前行，最終將這些年的線上講座付諸文字，彙編成冊，化作此書。科技的飛速發展，徹底改變了我們的溝通方式。回想當初，在美國西來大學架設互聯網時，湯姆．尼克爾（Tom Nickel）不僅負責技術搭建，還以極大的鼓勵與支持，促使我首次嘗試線上講座。此後三十年間，加州大學柏克萊分校的藍效農先生（Howie Lan）始終提醒我，數位時代的浪潮如滾滾洪流，令人目不暇接。

另一方面，我對於分享個人心路歷程一向有所保留。這種態度源自一種傳統理念：學者的職責應專注於文獻研究，追求客觀性是學術探究的最高準則，而帶有主觀性的見解，似乎在學術刊物中無法立足。

在新冠疫情期間，我搬至洛杉磯西區的太平洋帕利塞德斯（Pacific Palisades），與姊姊歐拉．佩爾頓（Ora Pelton）共度封控期。每日的社區散步成為我的運動方式，也因此結識了電影製片人托馬斯・哈蘭（Tomas Harlan）。他鼓勵我以更加坦然的態度，直面內心世界，探索那些長久以來隱而未發的思緒。這份啟發促使我深思，如何將埋藏心底的想法與他人分享。而其中一次重要的突破，發生於早前的一次雪梨之行。當我與西耶娜・杜恩・布坎南（SienaDune Buchanan）沿著海灘漫步時，我們展開了一場充滿啟迪的對話。她引導我重新審視「感恩」在學術旅程中的價值，並使我切身體會多年來受到鼎力扶持的深遠意義。

後來，由於新冠疫情導致校園封閉，西來大學校長謝明華（Dr. Minh-Hoa Ta）與宗教研究系主任米洛・釋迦教授（Dr. Miroj Shakya）邀請我在線上開展系列講座。隨後，美國佛光山西來寺住持慧東法師，也安排我為佛光山信眾組織——國際佛光會（BLIA）進行講座。校長與住持皆鼓勵我在講座中融入更多個人經歷與內心體悟，這對於我而言，是一次前所未有的嘗試。

作為《佛光大辭典》英譯計劃的編輯，在過去六年間，我與翻譯團隊深入探討了無數佛教教義的核心議題。佛光山人間佛教研究院副院長暨英譯計劃總召集人妙光法師，以及國際中心知悅法師的帶領下，這部長達十二冊的《佛光大辭典》英文版即將問世。這些深入的交流為我提供了探討佛教思想的寶貴契機，令我受益良多。

在準備講座過程中，我的姊姊始終是我的第一位聽眾。我十分仰賴她的回饋，來確認我的內容是否清晰、邏輯通順、易於理解。憑藉她多年從事團體與治療工作的豐富經驗，她的建議對我而言彌足珍貴，總是令我受益匪淺。每當獲得她的肯定後，我便能更自信地投入每一場演講。然而，由於疫情的限制，我只能在太平洋帕利塞德斯的居所完成講座，而缺少與現場聽眾的直接互動，著實增添了不少挑戰。

在此，我衷心感謝所有參與講座籌備工作的夥伴：方森（Fong Sam）負責宣傳工作，並聯繫西來大學的相關人員；米洛．釋迦教授主持了講座並進行開場介紹；克里斯．約翰遜（Chris Johnson）全權處理了 ZOOM 平台的技術設置，讓我能夠專注於內容，免受其他干擾。如今，這本書的最終出版階段由佛光山負責，佛光山人間佛教研究院的團隊不僅整理了我的講稿，還進行了細緻的編輯工作。感謝所有支持與付出的朋友，正是因為你們的努力，這本書才能得以順利問世，呈現於世人眼前。

前言

人間境遇

我從二〇二〇年開始為這系列講座撰寫講稿時，便已感受到世界變化愈發快速，對於自己未來將會發現什麼，以及當讀者在閱讀這些文字時，世界正在經歷哪些變化，實在難以預料。因此，許多原本計畫要談的內容，不得不放棄或重寫。這也意味著，當我完成一篇講稿、給學生上完一堂課，或準備出版之際，社會的動向可能已經有所轉變。也就是說，只不過短短幾週，我的授課內容恐怕已經和現實脫了節。

對我們來說，僅僅試圖理解世界正在發生的事情，就已經是一項艱鉅的任務，更遑論如何應對那些令人窒息的驚駭事件了。詹姆斯・鮑德溫（James Baldwin）曾提醒我們：「歷史不是過去，它是現在。」沒錯！此時此刻，我們正在共同創造歷史。

襲捲全球的新冠病毒不僅影響了人體健康，也影響了經濟、商品生產以及教育體系的運作。然而在這場造成世界混亂的疫情出現之前，人類的生活本就已面臨各種重大課題：

面對瞬息萬變的世界，人類持續適應與成長。

全球極端貧富差距，少數人口掌握超過全世界百分之九十的財富；

因貧困所引發的移民潮，數以百萬計的人口從經濟落後地區遷移至富裕地區；

駭人的人口成長幅度，未來三十年間，全球人口預計倍增超過十五億；

人口老化帶來的挑戰，進入二十一世紀後，

人類平均壽命從六十五歲提高至七十歲，六十歲以上的人口數量比一九九〇年增長了一倍，等等。

不過，人口增長並非全球皆然。像是北美、歐洲和日本，這些國家的出生率已低於維持人口穩定的水平；相反的，漠南非洲及歐亞大陸西部地區人口則大幅成長，這進而改變了全球人口密度的分布，使得全球總人口數仍然持續快速攀升。

人類的日常生活遭受擾亂，這並非第一次。童年時，我就聽聞過關於大流行病的種種故事。一九一八年那場規模空前的流感疫情——也就是上一次發生的大流行病——據估計造成了五千萬人死亡。當時，我的母親正好在上護理師的培訓課程。至今我依然記憶深刻，她總是嚴厲要求我們：要勤洗手、不要用手碰觸眼睛或臉部。而我們總覺得這些規定既麻煩又多餘，難以理解她的堅持。直到現在，我們再次經歷一場類似的大流行後，才終於理解她當時的擔憂。真希望她還活著，好讓我們能親口為當年的不以為意向她道歉。

一九四七年，阿爾貝・卡繆（Albert Camus）寫了一本名為《瘟疫》的虛構小說，內容敘述一場傳染病在神祕的阿爾及利亞城鎮（Algerian town）爆發開來，由於人們改變生活習慣的速度太慢，肆虐的瘟疫最終導致城鎮裡所有居民染病身亡。當年這本書非常暢銷，因為人們能夠連結箇中的訊息。彼時，全球才剛經歷第二次世界大戰——是一場奪走了數百萬人性命、摧毀了許多偉大城市的戰爭。正如我們至今仍在試圖理解二戰為何發生，持續追問究竟是哪裡出了問題，才讓社會陷入自我毀滅的深淵；同樣地，未來的人們也會回望這段歷史，檢視我們在這場全球危機中的表現。他們會問：誰做得最好？誰的因應最具遠見？他們或許也會問：在這段期間，佛教徒做了什麼？

佛教是否有可以回應當前這非比尋常時局的教義？我相信是有的。

這場疫情改變了人類的歷史進程，其帶來的種種衝擊，不禁讓我想起年輕的悉達多太子，他曾乘馬車出遊，目睹四個令他震驚萬分的生命景象。我們被迫接受現實：人會生病，尤其是年老之時，疾病往往如影隨形，並可能導向死亡；當時太子在旅途中看見的，也正是這些現實：一位因病痛纏身而苦不堪言的人、一位因年邁而身形佝僂的老人，以及最令人不安的——一具被哀悼者圍繞的屍體。這些景象原本只被視為生命歷程的譬喻，如今在我們的生活中變得歷歷在目，疾病、老年和死亡，以前所未有的方式對全球人口造成重大影響。

年輕的悉達多太子坐在馬車中，穿行於熙攘的城市街道。起初，他堅信自己所見的景象只會發生在他人身上，不會發生在自己或親人身上，他與卡繆小說中的人物一樣，抗拒接受眼前世界的真實面貌及其影響。所幸，太子並非孤身一人。馬夫坐在一旁，反覆地向他說明：他所目睹的一切，正是所有人類共同的命運。這些突如其來、難以承受的生命實相，對年輕的太子而言，無疑是一記沉重的打擊。

疾病、衰老和死亡這三位「生命的信使」不再只是譬喻，它們如影隨形地潛伏在我們的日常生活中。不過，我們也不必對生命感到那麼沉重。以我自己為例，我認為我的人生很精彩，而你們當中有很多人幫助我實現了這段精彩的人生。這三位信使，實際上是優秀的老師，能避免我們做出造成自我毀滅的行為，例如陷入傲慢，或理所當然地認為自己應擁有一切。他們教導我們，生活在這個世界上的每一個人，都是彼此的兄弟姐妹。我們之間所共享的，遠遠超越了彼此的差異。與每一個生命體、每一場生命的邂逅，我們共同承載著會生病、會衰老、會死亡的命運，而這，正是人與人之間最深刻的連結。

接著，悉達多太子看見第四個景象。在最後一段旅程中，太子見到一位既是旁觀者，也身處其中的人。那人神情平和，似乎未被那些令太子動搖不安的生命現象所擾動。他為何能展現出如此非凡的平靜？

太子得知，那人之所以能如此安然，是因為他透過獨居修行與內在心性的鍛鍊，看透了生命的本質，因此能以平靜的心，坦然接納生命中的一切經歷。讓年輕的太子看清現實的全貌至關重要——因為這不僅揭示了苦難的存在，也同時點出了希望：我們可以學習面對與承擔苦難。事實上，人類具備一種能力：能夠覺察並深刻理解生命的本質、其無常變化與苦痛，同時也有能力在這些波動中保持內在的平靜。但問題是，當我們身處現實情境中，真切感受到那份難以迴避的不安，甚至接近死亡之際，我們真的能夠做到心平氣和、靜觀其變嗎？或許，悉達多太子必須學習的最大課題正是：真正的平靜，並非冷漠，而是來自對生命本質的深刻理解。

我在監獄教課期間，曾經與學員分享一段在高速公路上塞車的經驗，儘管對那群囚犯而言，這並非他們日常會面對的情境。我向他們娓娓道來，在那段車陣緩行的時刻，我心中浮現了哪些念頭，又是如何嘗試實踐自己平日所教授的佛法。「忍辱」是佛教六度精神之一，也許可以理解為「平靜地接納一切」。我細說當時的情境——車陣壅塞，動彈不得，心中生起煩躁與焦慮；而我觀察呼吸，緩和情緒，壓下怒火，自認為展現了一定程度的定力與包容。然而，我也很快意識到，那份自鳴得意的「平靜」與「接納」，跟真正的般若與圓滿相比，仍有天壤之別。

就在我分享完這段「塞車的修行」後，一名囚犯舉手發問：「教授，當您坐在車裡平靜地接受塞車時，對那些同樣也困在車陣中，卻焦急不安、害怕遲到的人，是否有生起同理心？」

這句話如一記當頭棒喝，讓我瞬間彷彿被釘在牆上，呼吸一窒，無言以對。片刻沉默後，我只能誠實地對眾人承認：「沒有，我並沒有想到他們。」

課後，我特地去問那位提問者，他是如何一針見血地看出我行為中的盲點。他回答說，他在監獄待了十八年，每天晚上與兩百名囚犯擠在一間大牢房裡，牢房整夜燈火通明，不時傳來打鼾聲，有人夢中驚叫、磨牙、呻吟，甚至哭泣，這些聲音對他來說都是難以忍受的折磨。

然而，經過幾年的冥想練習，在某個夜裡，他突然對房間裡的每一個人產生了深切的同情。他當下意識到，房間裡的每一個人都跟他一樣，都在承受噪音和惡劣環境的煎熬。就在那一刻，他選擇接納他們，並決定在他們需要時盡己所能地伸出援手。他對我說：「教授，您身處在交通的壅塞裡，而我是困陷在人群的壅塞中。」

多麼偉大的一位老師啊！多麼偉大的一位老師！一個也許將終生囚禁在牢房

裡的人，既沒有任何財產，十多年來也沒有與家人相處，卻能如此平靜地接納現實，並以悲憫的同理心，與身邊的人建立連結。

悉達多太子在第四個景象中所看見的平靜，並不是冷漠，而是修行者慈悲的展現。那日課後，也有幾位囚犯主動走來與我交談，表示對佛教冥想課產生興趣，原因正是他們觀察到那位提出問題的囚犯，每天在床上靜坐，神情安定。漸漸地，他們一個個向他靠近，詢問他究竟在做什麼。我相信，這位平靜、知足的囚犯，已在無聲之中實踐了慈悲。他的身教，如同當年悉達多太子在旅途中遇見的那位修行者，以寧靜與慈悲感化了身邊的人。

我們正面臨各種前所未有的變化，而人們應對變化的方式也各不相同。在這樣的時代，我們亟需那些能以平靜心看待與覺察世事的人，引導我們走向和平、充滿善意的生活之道。

高壓力和社會異化，已成為新世紀社會結構的主要特徵。國家撕裂為對立陣營，人民因此分化，而這樣的撕裂也蔓延至鄰居、朋友，甚至家庭關係。日愈深化的分歧在人與人之間築起一道難以跨越的高牆，阻斷了真誠的連結與理解。當彼此都在高聲疾呼、訴諸對立，甚至從輕蔑走向仇恨時，又怎麼可能向對方伸出援手？沒有人試圖去理解這些對立與攻擊背後的原因，反而只是以更尖銳的語言與諷刺回應，讓衝突愈加惡化。在這樣一個被憤怒與敵意籠罩、甚至不時爆發暴力的時代僵局中，佛教的教義與修行究竟能提供什麼樣的力量？又能如何幫助我們走出困境、重建彼此的關係？

佛教有著悠久的辯論傳統，透過辯論讓雙方清楚闡述各自立場，即便可能要經過數個世紀才能達成共識，也不急於求成。與當今社會爭鋒式的論辯風氣不同，佛教的宗派與傳統之間，歷來保有對話與交流的空間。早期前往印度朝聖的中國僧人，便對當地寺院的開放感到驚訝：這些寺院歡迎來自不同宗派的僧侶共住修行，彼此和諧共處。這種對信仰與實踐差異的包容，就如同以平靜的心接納困苦生活的實踐一樣，是一種透過身教而傳遞的慈悲與智慧。

在國際佛教聚會場合中，來自不同地區、不同宗派、穿著不同僧服、不同性別的佛教徒能夠自由交流的情景，令人動容。他們為何能拋開彼此大相逕庭的差異，以接納與尊重彼此的方式相互問候？

我要說的並不是佛教沒有問題，或它的制度完美無瑕；而是，即便存在各種教義與實踐上的分歧，佛教仍保有多元並存的精神。至今，從未有任何佛教宗派發動戰爭，或以異端為名進行殺戮。

當今造成美國嚴重分裂的各種因素中，有一部分源自於人們對他人的處境和痛苦缺乏悲憫心。比如，當某個人做出暴力行為時，必然背後有其深層原因。然而，大多數人只急於譴責暴力，卻少有人願意深入理解其背後的痛苦與脈絡。因為比起費力探究問題的根源，譴責來得既直接又輕省得多。

我必須說，到監獄授課打開了我的視野，讓我看見並理解一個我從未親身經歷過、瘡痍滿目的次文化。如果人們無法理解彼此所承受的痛苦與創傷，對話將難以展開。

那麼，對於那些我們覺得討厭、甚至具有破壞性的人，我們可以怎麼做呢？

如果我們能全面理解他們的生活背景，是否就能多一分體諒與包容？

如果我們明白他們內心的恐懼，是否能理解他們為何無法伸出援手去幫助那些他們所害怕的人？

如果我們理解他們對生計的焦慮，是否也能對他們斤斤計較、難以慷慨的心胸生起同理？

現今世界的動盪和急遽變化，對人們聚集往來、做生意與生活形式等，有著深刻影響。這讓我聯想起《法華經》中的一個譬喻故事。故事描述一座大宅院，裡面住著一家人的孩子，孩子們正在玩著各種玩具和遊戲。這時，他們的父親走近房子，發現房子著火了。父親知道孩子們將面臨極大的危險，便叫喊著孩子們逃離房子。然而，孩子們不明白父親所說的「火」意味著什麼樣的危險，因此，完全陶醉在遊戲中的他們，毫無反應。最終，父親不得不用別的方式來引起他們的注意——向孩子們承諾，屋外有比他們手中的玩具更有趣、更好玩的東西，比如由各種動物拉著的馬車。孩子們想要看父親說的馬車，於是便離開了房子。但是，那裡並沒有馬車等著他們。父親又繼續說，還有一輛更大的車，可以讓他們一起坐進去……這就是《法華經》七個譬喻之一的「火宅喻」。

在美國加州，房屋失火與熊熊烈焰並不只是個譬喻。每逢秋季，野火與濃煙幾乎成為我們生活的一部分。而在加拿大，情況更為嚴峻：大片森林付之一炬，煙霾籠罩整片大陸。就像遇上寒流時學校會放「雪假」，如今，加拿大的學校甚至開始實施「煙霾假」。

地球一直在持續暖化，而我們卻像「火宅喻」中的那群孩子一樣，仍沉浸在玩具和享樂中，對四周正在燃燒的烈焰漠不關心。那麼，如果我們就是那群孩子，如今那位父親又會用什麼方式，來引起我們的注意呢？究竟有什麼，能夠強烈吸引我們，讓我們願意改變現有的習慣和生活方式？「可以繼續在地球上生存」這樣的理由，足以吸引我們採取行動嗎？

「火宅喻」是一種提醒，提醒我們對周遭正在發生的事情必須要有警覺心。在故事中，父親面對迫在眉睫的危機時，其做法不是「平靜地接受現狀」，而是

世界如火宅，當前全球危機迫切呼喚人類的警覺與行動。

走進孩子們的世界，試圖理解他們所重視的事物，並藉此引導他們脫離險境。或許有些人會說，他為了讓孩子們逃離著火的房子，對他們撒謊了。那麼，我們是否也需要編織某種「善意的謊言」，來引起人們的注意？是否必須做出誇大的承諾，來激勵人們行動？

佛教告訴我們，若

要引導人們走向有益且安全的方向，教學的技巧至關重要。僅僅陳述事實、說明道理，卻無法激起聽者的關注，是不夠的。唯有設法引起他們的注意，並提供他們真正重視的東西，人們才可能願意改變行為。在卡繆的小說中，正因為沒有人能提出足以促使北非城鎮居民採取行動的理由，他們最終無一倖免，全部死於瘟疫。我認為，我們如今就像生活在一棟正在燃燒的房子裡，四周不乏提醒與警告的聲音，呼喚我們做出改變。但最大的難題是：究竟要提供什麼樣的「報酬」，才足以吸引多數人真正做出改變？

新冠疫情對我們的生活帶來了諸多挑戰與不便，或許，疫情期間最能撼動人心的訊息是：「只要你願意改變行為，就可以回到原本的生活模式。」然而，當疫情得以控制，我們卻如走出火宅的孩子們那般，發現外頭並沒有想像中的馬車，因為眼前的世界已經和過去截然不同。我們必須明白，未來不可能複製過去，我們再也無法回到舊日的模樣。

故事中的孩子們，因為沒有看到父親承諾的小動物馬車而感到失望。但父親安慰他們說：「不要因為沒有得到你們想要的東西而灰心，你們會得到更好的。」當我們意識到過去已不可復返時，內心勢必受到衝擊。面對這些變局，我想像故事中的那位父親此刻就站在我們面前，他或許會說：「過去並不完全是美好的——它不全然代表幸福、慈悲、智慧、寬容、健康與可持續性。你們應該設定比過去更高的目標。」

在危機當中，也許「火宅喻」所蘊含的佛法，能帶給我們的啟示是：要提升覺察力，要認知到強化社區連結、善盡照顧每一位成員的必要；要以成熟的態度面對生活，並以開放的心，迎接變革所帶來的一切可能。

我也想起佛光山星雲大師的教誨。在他一生的弘法生涯中，大師不斷勉勵信眾：要努力學習、要成就強健的家庭，要培養慷慨大方的胸懷。他常常提醒：「我們是富足的」，我們擁有充裕的資源、創意與支持，足以重建嶄新的世界——新的經濟體系、新的教育架構，以及一個能以平靜的心接納生命本質、並向所有同樣面對疾病、老年與死亡的人們伸出慈悲援手的新社會。

我們或許會因失去而哀傷，這是人之常情，不過一旦我們學會平靜地接納這個現實，就會真正體會到：「我們是富足的。」

當我們學會接受並擁抱生命中的一切變化，我們將看見前方豐盈的資源，引領我們向前邁進。

第壹章

理解人類的處境

第一講　變動中的世界

現今，我們所處的時代，對人類處境的疑慮已擴展至全新的層面。在人類歷史上，很難找到有一個時期的思惟和理解之轉變如此迅速，且後續的影響如此顯著。處在這個世代，生活在地球的人類，面對日常生活的變化與遠古宇宙的新知探索，必須對人類的處境變化採取應變之道。這就是為什麼我想要以我們周遭正在發生的事情，以及那些帶來深刻衝擊的革命性宇宙觀，作為本次的核心主題。

在這個歷史時刻，我們對於人類的「存在」所預設的定義，正在最高司法法院上被討論，近年來也成為政黨辯論的議題。其中一個重大議題是：女性懷妊的胎兒在哪個階段才有權利受到保護？我們的法律體系試圖去衡量胎兒形成的過程，而所採取的方法之一，就是根據卵子受精的天數和週數，來嘗試定奪生命開始的時間。然而，誰有資格作出裁斷？是醫學嗎？法律嗎？道德？信仰？還是受孕的母體本身呢？佛教徒在這個議題上一直莫衷一是。佛教思想歷經了數世紀的發展，各種流派遍布各地，各群體之間意見紛紜，並不令人意外。有些佛教徒認為，生命從受孕的瞬間便開始；有些人認為，應從嬰兒的第一口呼吸算起；也有人主張，以「識」形成的階段為指標。

對大多數人而言，人體的內部就像個黑盒子，從未見過內臟顯露在眼前。中世紀歐洲的醫生在違法的情況下，用屍體來研究人的生命。在印度，我猜是沒有那麼神祕，因為人死後的屍體會被放到曠野中，任由飛禽走獸啄食。任何人前往棄屍場，都可以目睹屍體的內臟，甚至是不同發育階段的胚胎。有些僧侶會到遍布屍體的原野修行，以腐爛的死屍為禪修對境，作為體悟生命實相的修行方法。

佛教經典詳細列舉人體內外的各種器官，並探討身體的運作機制。因此，佛教徒明白，人體是由眾多彼此協作、共同維持生命的單位所組成。然而，佛教對「投胎轉世」的理解，並不限於器官的發展與形成。佛教經典歷經時間與地域的演變，試圖解釋出生、死亡，及它們發生的過程，而在新生命的形成中，「識」的出現是最關鍵的要素。

根據這一觀點，佛教認為受孕的起點即是「識」進入身體的那一刻，而死亡則是「識」與身體分離的那一刻。每一次受孕都會是一個新的身體；賦予身體生命的「識」，在每分每秒中不斷變化。佛教的根本教義很明確指出：世間萬物皆無常，沒有任何事物是恆常不變的，「識」也不例外。當精子與卵子結合後，「識」便持續分秒變化，直到身體形成。如果沒有「識」，那麼受孕就無法完成，肉體組織將停止發展並被排出體外。在投胎轉世或輪迴的過程中，「識」是新生命得以誕生的必要條件，它在無盡的生死輪轉中不斷流轉。佛教故事中，釋迦牟尼佛於成道的那個夜晚，見到億萬眾生於輪迴中生死流轉、周而復始，這一景象令他發下大願，決心要超脫這無盡重複的循環。

我們最常見的佛陀形象之一，是他側身躺臥、雙眼合閉。很多時候，這被誤認為是「睡佛」，然而，它的意義深刻得多。

在佛陀涅槃入滅的時刻，他最後一世的人身中存在的「識」完全止息，不再流轉於輪迴之中。這是人趣中修行的最高成就——在死亡的那一刻，身心的一切功能徹底終結。然而，這並非自然發生的現象，而是經由極高的精神修行才得以達成的結果——終結再度投生為人的輪迴過程。因此，佛教藝術家一再受託，創作有關這一關鍵時刻的作品，也就不足為奇了。這一時刻象徵著生命與死亡的終結、苦難與感知的止息。不過，儘管這是廣泛接受的觀點，卻不是所有佛教徒都抱持相同看法。有些人認為，一位開悟者即使已經達到可以解脫生死輪迴的階段，也可能會出於慈悲心而選擇留在生死之中、繼續投生，以幫助仍受苦於輪迴的眾生。對許多人而言，這些菩薩就活在人群之中。他們以修行所成就的精神力量，讓「識」得以持續流轉，並投生為任何一種生命形式——只要能成為行菩薩道的載體，不論是人、動物、鬼魂，或是天界的神祇，都可以。可以說，出於對人類處境的深切悲憫，菩薩以願力和修行持續輪迴，為的是給予一切有情慰藉與幫助。

在我看來，對當代人而言，最難理解與接受的佛教教義，或許就是「沒有恆常不變的自我，沒有可稱之為靈魂的實體」這一觀念。畢竟，如果真沒有一個固定的「我」，為什麼每天早上醒來，我還是能在鏡子中看見「自己」？為什麼即使我已逐漸衰老，仍覺得自己和年輕時是同一個人？儘管身體明顯老去，但對自我的感受卻依然完整而連貫。這種將幾十年前與現在視為「同一個我」的想法，正是我們對「無我」教義本能抗拒的展現。

數個世紀以來，佛教導師不斷嘗試以各種方式，向信徒傳達一個最核心的訊息——「沒有一個永恆不變的自我」。然而，在印度傳播這項教義卻面臨重大挑戰，因為當地根深蒂固的婆羅門傳統主張「神我」（Atman）的存在。這個「神我」被認為是從梵天分離出來的個體自我，而修行的終極目標則是讓這個自我與梵天重新合一，回歸宇宙整體，實現所謂的「梵我合一」。

每天對著鏡中熟悉的面容，我感受到「我」的不斷變化，挑戰我對「不變自我」的認知。

與印度教追求「梵我合一」的理念不同，佛教另闢一條截然不同的道路——強調一切皆空、萬法皆幻的「空性」教義。舉例來說，許多描述魔術師的比喻中提到，他能讓某人憑空出現，又能讓其消失，甚至還能將這個幻影斬首、切碎。問題來了：如果魔術師砍下了幻影的頭，他是否犯下殺人罪？答案是：並沒有。這就如同我們在電影或電玩中所看到的殺戮情節，我們都明白那只是虛構的影像，沒有真實的死亡或殺害。

那麼，在日常生活經驗中，這種虛幻的存在為何如此重要？我們可以從《心經》中著名的偈子「色即是空，空即是色」進一步思考。「色」通常被解釋為物質世界中的事物，但若在前面加上「被感知的」，或許更容易理解。「被感知的形色」意指，事物在經由感官接收並進入經驗世界後，對我們產生心理上的作用。例如，我現在能在電腦螢幕上看見你們每一位的影像，但這只是一個「感知的瞬間」。我的眼睛接收光線的反射，將其傳送到大腦，再經由神經化學與電流的作用，才構成「我看見你」的體驗。在我們的當下經驗中，我們其實無法直接接觸任何事物。我相信自己正在觀看各位聽眾，但那不過是經由間接媒介所產生的感知結果。佛教經典提醒我們：當我說「我看見你」時，我所看到的並非真實的「你」，而是我的大腦透過感官處理所產生的一個表象。也就是說，我像一位魔術師般，「變出」了你這個影像。那麼，當我關掉電腦，螢幕上的影像隨之消失，我是否就摧毀了觀眾？相信大家都會立刻回答：「當然不是！」

我們的電腦螢幕就相當於感知運作的心理過程，彩色的像素排列組合，構成了人與環境的種種影像，看起來真實無比……但事實上，這些影像只是幻覺。

即使身體不斷在變化，我們卻仍感覺有一個從童年延續至今、始終未變的自我。這種認為自我恆常不變的感覺，本身就是一種幻覺。人的一生會經歷無數轉變，但十歲或二十歲的我，無法辨認出現在這個我，更難以理解作為九十歲老人的思惟與經歷。這就是為什麼「魔術師」的譬喻如此重要：我們的意識創造了一個幻覺，這幻覺如此逼真，使我們深信有一個不變的自我存在。這也引發了一個根本性的問題：究竟是什麼，使我們成為「人類」？又是從什麼時刻開始，我們變成了現在這副完整的人類模樣？

過去，我們常以身為地球上最高度發展的動物為傲，認為人腦是最卓越的思考工具。有一位作家曾以「每秒處理的位元數」來衡量人腦的優勢。數個世紀以來，沒有任何東西可與人腦相比。在二十世紀二〇年代，人腦的資訊處理能力（以兆位元為單位）超越所有機器；到了四〇年代，這個數字降至十億位元；到了八〇年代，又縮減為千位元的等級。而在近年，中國大陸首度打造出一台超級電腦，其每秒處理的位元數超越了人腦。我們也不得不承認：在國際象棋和圍棋賽事中，電腦已經贏得世界冠軍；在計算速度與邏輯複雜度方面，數位機器也更勝一籌。曾經，人類唯一的慰藉是相信：電腦無法創作詩歌、小說或學術論文。然而如今，一個名為 ChatGPT 的人工智能「機器人」誕生了。

在某種程度上，「機器人」是一種使用機器學習演算法執行任務的數位程式。換句話說，它可以透過接觸大量數據的方式進行學習，即使沒有人類針對特定任務進行明確編程，也能逐步掌握操作的方法。而我們目前仍在摸索之中：這樣的「機器人」對人類的處境究竟意味著什麼？著名思想家諾姆・杭士基（Noam Chomsky）曾批評這類技術是一種「作弊平台」。但我認為，它遠遠超出這樣的定義。人們已經利用這些工具通過律師考試、醫師國考、研究所入學測驗。現在，我們只要給它一個主題，它就能寫出詩詞作品。更進一步，它能生成地圖影像，甚至幫我們編寫程式，讓電腦依照規格繪製地圖。因此，也有聲音主張，應該對這類「機器人」設下禁令，其使用者也應該受到譴責與處罰。

然而，並非所有人都將這類技術視為作弊手段。微軟已宣布投資數十億美元，用以開發更先進、更強大的機器人技術。谷歌一開始進入這場競賽時出現了失誤，導致其股價隔日損失數百萬美元。這些例子都顯示出，這項技術已迅速崛起、影響深遠，並且難以透過立法手段加以封阻。人類當下的處境，正在以前所未有的速度發生變化。數位世界正全面興起，而這也帶來一連串值得深思的問題：

誰擁有這些強大的工具？

誰掌控它們？

它們是否會因偏見的訓練資料而導致搜尋結果失真？
誰將從中獲利？
這會否只是為少數人積聚更多財富的工具？
在這堂課中，我們不禁要問：
佛教的教義能對這些問題提供什麼樣的洞見？
過去幾個世紀以來，新技術不斷被引入佛教領域。舉例來說，文字曾是推動佛教變革的重要媒介。早期在古印度，佛法是透過記憶與口誦來傳承的。僧侶們圍坐在一起，一同背誦經文，彼此核對內容，以發現並修正錯誤。然而，當經文能被抄錄並廣泛流傳時，書寫文字逐漸取代了人為記憶的權威，教法的力量也轉而寄託在經書中的圖像與文字之中。

接著，印刷術的出現又為佛教體系帶來一波新的衝擊。古代的大型寺院曾如同抄寫中心，由抄經僧重複手工抄寫經卷；但隨著印刷技術讓經典得以迅速大量複製，抄寫員的角色與功能也隨之改變。到了近代，矽晶片的發展使原本仰賴記憶保存的教法，轉化為數位形式，也不再需要依賴紙本文卷儲存，而是能透過各類行動裝置輕鬆取得，傳播至更廣大的社會大眾。一次又一次的技術革新，非但沒有讓佛教式微，反而讓其更加蓬勃發展。

如今，我們所面對的人工智能世界，與過往所見的任何事物截然不同，再次打破了舊有的模式。當我請機器人撰寫一篇概述佛教主要教義的文章時，它可以做到。雖然這篇文章尚稱不上創新，但我們有理由相信，它未來可能具備創新的潛能。正如佛教經典所教示：諸行無常，沒有任何事物是恆常不變的。今日的數位世界，正見證了這一真理。在人工智能已在某些領域超越人類

人工智能正深刻改變現實，佛教與人類須持續調適，重新審視無常的存在本質。

能力的時代，不只是佛教，所有人都需要重新思考：身處於這個瞬息萬變的現實中，「人類的處境」究竟是什麼？

數位時代為人類世界帶來的改變，遠不止於日常生活的便利。科技也讓我們得以從嶄新的角度重新觀看宇宙。如今，我們透過強大的望遠鏡，接收來自遙遠星系的光，從中觀察人類的處境，並藉由這些數據，窺見宇宙的浩瀚。所謂「光年」，是指光在三百六十五天內所行進的距離——大約六兆英里。以目前的太空技術來說，光年代表著幾乎難以跨越的距離：想要完成一個光年的旅程，需耗費三萬七千二百年。假設人類真的能出發前往距離太陽最近的恆星，則必須跨越約五光年的距離，花費約十八萬六千年方可抵達。如此一來，當飛行船抵達目的地時，早已跨越數十代人，飛行船上的旅人與地球上的人們早已斷絕一切連繫。

人們渴望知道：我們是否是宇宙中唯一的生命？或者，還有其他智慧存在與我們共享這片廣袤的宇宙？這份渴望是可以理解的。而關於宇宙這樣的問題，佛教徒也提出了種種思考，從中我們能看見佛教信仰中對宇宙規模的某種想像與理解。根據佛教最早成熟發展的經典《般若經》記載，佛陀初次說法的聽眾是由一千二百五十位比丘所組成。但隨著般若系經典從基礎篇幅擴展至十萬行的長篇內容，聆聽佛陀教法的對象也不再局限於地球，而是遍及整個宇宙，乃至延伸至億萬生命存在的多元宇宙中。這是大乘佛教經典中極具象徵性的敘述，展現出對多元宇宙（multiverse）無限可能的想像。如此龐大的宇宙規模，並非僅憑觀察夜空所能理解。我們所說的「宇宙之外還有宇宙」的觀念，是一種建立於心智構想上的世界觀。人類之所以能夠有這樣的洞察，或許是源自於某種甚深的禪定境界。

有一系列以「三摩地」（Samādhi）為名的定境，指的是修行者在禪修過程中會進入的特定狀態。從這些定境的名稱可以看出，禪修者能夠見到天界的神祇，甚至更具體地說，能聽見他們說話，並理解其語言。

這也說明了一個根本觀點：我們是宇宙的居民，人類的處境原本就屬於浩瀚時空中的一環。這正是佛教幫助我們理解「人」在整體存在中所處位置的一種方式。當我們發射那些與宇宙尺度相比，規格微乎其微的火箭到外太空探勘，我們其實是在探索與理解人類自身的處境。未來，我們或許會發現，在地球之外，甚至在太陽系內，仍可能存在其他形式的生命。對那些繞行太陽、甚至部分表面覆蓋著水的外行星進行探測，有助於我們更深入理解地球及有機生命的起源——這正是關於人類的處境，神祕且至關重要的一環。

在當下所處的時代，人工智能的興起讓我們對宇宙的規模與本質有了更廣闊的視野，但也讓我們對人類的處境產生了前所未有的不安。歷史上早已有無數例證顯示，變革會動搖人們原有的信仰與世界觀。我們正處身於佛法普及的時代：有各種佛教的教義引導我們接受現實的變動，並放下對過去的執著。儘管如此，被視為「黃金時代」的過往，仍使我們心生依戀，覺得應當竭盡所能去維護它。我們可能希望重建從前的世界：那是在新冠疫情奪走數百萬生命之前，人類尚未意識到，在微生物的威脅之下，自己竟是如此脆弱；那是在書籍與圖書館仍為主要知識來源，數位通訊尚未全面改變我們生活的年代；那時，我們的個人、醫療與財務隱私尚可獲得完整保障；詩歌還只屬於人類創作，資訊流向仍受人類主導。

而佛教教導我們看清現實：變化是恆常的，任何試圖恢復過去生活樣貌的努力，終將徒勞無功。面對當前急遽且前所未有的變遷，我們必須學會坦然接受，並應竭盡所能地應對眼前這個嶄新的世界，用更積極的力量回應人類當下的處境。

確實，世界的變化有些重大且令人感到害怕。一位學者曾說，如果你將生活在一七五〇年的某個人帶到二十一世紀來體驗，我們的生活方式對他們來說可能是致命的。想像一下：習慣用走路和騎馬通勤的人，若突然發現自己坐在一輛時速六十英里的汽車裡，在擁擠的高速公路上穿梭，又或更嚇人的，坐進一架飛機，在三萬英尺的高空中，以每小時超過五百英里的時速移動——不難想像，這些經歷可能會讓那人因為恐懼而心臟病發作。不過，我想起我的祖母——她出生於一八八〇年，一直活到二十世紀中期，經歷了從馬車到噴射飛機的時代，並能夠適應這些變化。可見人類是具有適應能力的，從沙漠到冰冷的北極，整個地球上都有人類居住。該學者也指出，若讓來自一七五〇年的那個人回到另一個發生革命性變化的時代，那或許就是西元前一萬二千年左右——一個對我們來說極為陌生的時代，也是人類史上第一次農業革命（或稱新石器革命）的時期——又會是如何呢？

就我個人的觀察而言，從二〇一九年到二〇二三年，僅僅幾年間，世界就發生了重大的轉變——新冠疫情大流行、用太空望遠鏡觀測宇宙，以及能夠寫出與人類心智相仿的文章和詩歌的人工智能——這些發展不僅改變了文化在未來的潛力，也重塑了我們對人類處境的理解，一切都超乎我們過去所能想像的範疇。不過，即使世界變化迅速，會導致我在演講中分享的觀點變得過時，但人類處境中的某些核心面向，仍會伴隨我們一生。

將近七十年前，我首次接觸佛教時，佛、法（教法）、僧（追隨佛陀的眾弟子）三寶被用來描述佛教傳統的歷史和思想。起初，我所理解的法寶是佛教教主的教導，先是透過記憶流傳，後來用多種語言記錄成數百卷的佛教經典。然而，當我讀到大乘經典《般若經》的開頭時，內心便生起疑問。我發現，關於何謂「教法」，其實有著更具層次的理解。那段經文所描述的場景是：佛陀轉向他的弟子須菩提，請他向大眾講說般若波羅蜜多的要義。這意味著，這部經典不僅呈現了佛陀本人的教導，也納入了弟子的詮釋與教化。這一舉動令舍利弗震驚。他是佛陀座下著名的弟子之一，素有「智慧第一」之稱，理應是講說般若的最佳人選——而且他當時就坐在現場。須菩提察覺到舍利弗的困惑，或許也感受到在場聽法的其他人心中的不安。面對這些疑慮，須菩提向舍利弗與大眾解釋：關鍵不在於誰講說佛法，而在於教導是否契合現實、是否指出事物的本質。若有人所說，真實呈現了我們經驗中的事物本性，那麼這種教導就與佛陀所說無異。這一觀點意味著，佛法（佛陀的教法）無所不在——它透過萬事萬物的本質顯現，而不局限於文字經典之中。

當慧東法師誠摯邀請我，為北美洲的佛教徒演講時，他希望我能分享自己研修佛法的體悟。我心中有所猶豫，畢竟我並未證悟，擔心自己的思想無法清楚、準確地表達佛法的核心。因此，我花了好幾天思考講座的內容，也反覆閱讀《般若經》中須菩提與舍利弗的對話。如果佛法在生活中隨處可見，且是日常事物的本質，那麼我們該如何找到它呢？如何讓佛法在日常生活裡示現？如何理解我們當下經驗裡事物的本質？後來我是這麼想的：準備這場演講是個很棒的機會，我要好好地觀察在我一天的生活當中，佛法如何顯現在我所思考、感受、經歷還有考慮的日常大小事上。也可以這麼說：我將一整天的作息記錄下來，希望至少有一件事可以用來說明佛法。

以下是我那一天的生活紀錄。

我其實是個夜貓子，那一天就在午夜過後，我上床睡覺的那一刻開始。

上床睡覺……

凌晨時分，還在深度睡眠中的我做了一個令人不安的夢。夢裡，我正在尋找教室，因為是我教課的時間。但無論我往哪裡尋，都找不到那個教室。由於疫情的緣故，我已經好幾年沒有在教室裡教課了，都是在房間裡透過網絡授課。我的大腦似乎在反問：為什麼我沒有在做執行了幾十年的事情？夢裡的我，愈感焦慮，因為我快要錯過在教室等待我的實體課程，找不到教室實在令人感到痛苦。突然，我醒過來，意識到剛剛所發生的事情只是個夢境，便鬆了一口氣：我沒有錯過課程，我安然地躺在床上，既沒有學生在等我，也沒有造成任何後果。

這個夢境中的「佛法」在哪裡呢？

我發現這就像佛教所談的「覺悟」。醒來後，我突然明白，夢境不過是大腦「憑空」創造出來。當我意識到，不斷地在一棟陌生的大樓裡尋找教室的這段經歷是「空」的那一刻，我便從相信自己無法完成任務所引發的痛苦中解脫出來。我躺在舒適的床上，身心輕鬆愉悅，因為我知道，沒有課在等我，沒有陌生的大樓讓我在無數長廊上永遠找不到目標，沒有任何的後果。一切都很好，我為此會心一笑。

當我醒來有這種領悟時，在某種意義上，我已有所覺悟。「佛」這個詞就來自一個有「覺醒」含義的字根。而令我感到驚訝的是，在我醒來和離開床之前，佛法的某些方面其實已經出現在我的體驗裡。這讓我想起著名佛教經典《心經》裡的一段話：「觀自在菩薩，行深般若波羅蜜多時，照見五蘊皆空，度一切苦厄。」我從夢中醒來，由於不再擔心錯過授課而感到一瞬間的喜悅。

當我跟朋友描述這個夢後，他發來一段電影《最高機密》（*Top Secret*）裡的片段，由影星方基墨（Val Kilmer）主演。影片中，主角正在被納粹士兵毆打，他們試圖逼他洩露最高機密。嚴酷的酷刑導致他昏迷並失去知覺。在失去意識的時候，他做了一個夢。夢裡，他走在一個長廊上，問一位學生：「考場在哪裡？」學生回答說：「考試結束了，你錯過了。」夢中的主角非常沮喪，痛惜他錯過了考試，這會嚴重影響他的成績和未來。醒來後，士兵們仍在毆打和踹踢他。令士兵驚訝的是，他竟然笑了，臉上充滿了幸福。因為他意識到自己沒有錯過考試，因此沒有造成影響，即使正在受折磨，他也露出愉悅的笑容。正如達賴喇嘛曾說：「痛苦在所難免，受苦卻是選擇。」

觀自在菩薩不是從夢中醒來，他的覺醒是在一個意識清醒、感知完全運作的狀態下實現的。當他意識到一切經驗皆是「空」時，便從苦難中解脫出來。我並不是要表示我的夢境體驗與觀自在菩薩所經歷的相等，但這個夢境確實幫助我更好地理解了經文的描述。

那一天的下一刻——

起床……

當我從床上起來，我的第一個動作是伸手去拿拐杖，好支撐我走到助行器旁。在這個過程中，我面對佛教的三大信使：病、老、死。由於患有周邊神經病變，我的雙腳麻木、平衡能力遞減，因此需要使用拐杖。邁入九十高齡，「老年」這位信使時刻提醒我，身體的虛弱以及越來越靠近死亡。正如釋迦牟尼年輕時，遊歷四城門，遇見了三大信使：一名病人、一位老人和一具屍體。在我努力站起來，開始新的一天之時，便遇到了其中兩位。令我驚訝的是，甚至在我開始一天的作息之前，我就已經體驗了夢境的「空性」，以及體認「空性」之後的喜悅。隨後我起床著裝迎接新的一天，老和病就已經等著我了。

新的一天開始……

屋外，一隻蜂鳥在竹葉間築巢。我觀察了好幾週，看著蜂鳥建造鳥巢、生下兩顆小小的蛋、兩隻小雛鳥破殼而出，然後，雛鳥漸漸長到巢穴不太能同時容納牠們。接著，雛鳥們開始拍動翅膀……今天，牠們終於飛出鳥巢，站在附近的樹枝上，再從樹枝飛回巢裡。後來，牠們又再飛到一根更高的樹枝上，似乎準備好去展開牠們的世界。果然，那天下午，我便找不著牠們了。

我從蜂鳥身上學習到的佛法是：萬象萬物皆在變化，沒有什麼是靜止不變的。這些雛鳥每天都在成長，當牠們不再是雛兒時，便是離開窩巢的時候了。看到牠們離開，我很難過。我們跟子女也面臨類似的情況：孩子不會永遠是嬰兒、兒童、少年，他們會長大和變化，必須走出去探索生命。這個「空巢期」教導我們，每一刻都在變化，而接受這個現實是個體發展重要的一步。在這當中，我們要學習很重要的一課——「莫執著」。我可以捕捉這兩隻鳥，把牠們留住，然而我無法想像，有什麼比把這兩隻年幼的蜂鳥關在籠子裡更殘忍的事情了。我記得自己第一次想離開家，獨自踏上旅程去探索世界的心情。雖然我看到鳥兒離開很難過，但我也祝願牠們能自由飛翔，有充實的生活。牠們的成長過程讓我對不斷變化的現實有了更深的了解，也讓我明白必須從想要抓住事物的執著心態中自我脫離。

收到電子郵件……

那天我經歷的下一件事是，收到洛杉磯加州大學醫生寄來的電子郵件。醫生告訴我，血液樣本已送到實驗室檢測，以了解我的周邊神經病變是否跟基因有關，我是否遺傳了這種疾病。在這個基因體研究的新時代，可以識別基因序列中表明某些疾病潛在可能性的「尖峰」。對我的情況來說，檢測結果如何，並無法改變什麼，但未來治療方法的相關研究將採用這些數據，讓我的後代可以留意這種可能性的存在，若出現症狀時，可以知道發生了什麼事。

佛法告訴我們，出生在這個世界，很多方面取決於過去的行為——業力（Karma）。我基因中的某些結構跟古老的基因體還有連結，因此仍受到影響。

醫生的郵件提醒了我：業力「遺產」這件事。

赴約回診……

我的下一個行程是前往物理治療師那裡，他替我安排了一些運動療程，目的是改善我的平衡能力，或許還能預防跌倒。我已經從之前的療程中知道，他是一位能訓練我的身體和大腦的優秀老師。「老師如同醫生」這個想法，讓我想起佛教經典中幾處將佛陀譬喻為「大醫王」的描述。佛陀了解病人需要什麼，知道哪種藥、哪種方法對病人有效。「佛如醫王」這個譬喻，正是說明佛陀能以其教法來對治眾生的「無明」之病。這樣的教學方式，在佛教文獻中稱為「方便法門」（Upaya）。我的治療師具備專業知識與技巧，在他的悉心引導下，我體驗到：擁有一位在教學上掌握「方便法門」的老師，是何等受益。

在做其中一項運動時，治療師的一席話讓我很是震驚，他對我說：「Lew，停止思考平衡這件事。平衡不是靠『想』來維持的。當你開始想著『我應該將重心移向左側或右側』時，一切都已經太晚，你很可能就會跌倒了。」我站在軟軟的泡棉墊上，閉上眼睛，保持站立。然後，我的身體開始搖擺和晃動，他再次說：「不要思考，任由身體晃動，大腦已經開始傳送神經脈衝來幫助您平衡了。」

佛教對於「認知」有一個深刻的洞見，即「意識」的運作是超越語言與思惟的。我站在泡棉墊上，任由身體搖晃，而不是有意識地控制它；但當我發覺並沒有一個「自我」或「我」在主導，隨即生起「我做得到，我可以保持完美平衡」念頭的那一刻，身體便失衡，我馬上就需要抓住扶手來防止自己跌倒了。

運動治療不僅重視身體的協調，也以相等的幅度訓練我的大腦。就像禪修一樣，讓心從思緒中解脫出來，放下有意識的自我控制，能讓身體和大腦學會平衡。

去雜貨店……

我在尋找一種可以取代雞蛋的食品。雖然我是素食主義者，但我承認對炒蛋或煎蛋還是有些欲望。有一天，我吃到一種由植物製成的蛋類替代品。這種替代品讓我能兼顧素食主義，還能嚐到非常接近我以前愛吃的蛋類食品的味道。一進入雜貨店，我便迫不及待地走向擺放它的櫃架。但走到櫃架前卻看不到我要的那款鋁罐，即使找店員問是否有存貨，答案依舊是：「沒有了，賣完了。」我的欲望沒有獲得滿足，心裡感到很痛苦。佛陀教誨的第一個真理是「苦諦」。我們通常將「苦」譯為「痛苦」，但它的涵義其實更廣，也包括失望、不滿與挫折。那天，我想要的東西沒能如願買到，感到不滿與空虛。在接下來的一段時間裡，我的臉上寫滿了落寞，因為那個小小的欲望未被滿足。

或許你會說，這只是件微不足道的小事，但它教會了我：欲望，正是不滿和失望的根源。

傍晚的散步……

傍晚，散步的時間。我每天的目標是走完一英里。由於住的地方四周被繁忙的大街和高速公路圍繞，因此我都在住宅區裡的街道散步，每天重複著相同的路段。但這段路程意外地有趣，從不覺得無聊。日復一日走同樣的路，也意味著鄰居們開始認得我。他們不只認得我，甚至在我經過時，會主動走出門來向我打招呼。我的一日散步，漸漸成為社區裡的一個景象。

沿途，有一對兄妹常常特地跑出來找我，只為了向我打聲招呼。這一天，他們特別興奮地向我展示他們的新玩具：每人手裡拿著一把巨大的塑膠劍。男孩揮動著他的劍，動作充滿力量，他可能在劍晃動的光影下注意到我的目光，便迅速補充道：「這把劍是用來保護的，不是用來破壞的！」

在我的房間裡，供奉著一尊莊嚴的文殊菩薩像，是西來大學的米洛．釋迦教授（Miroj Shakya）送給我的禮物。文殊菩薩手持一柄長劍，那是一把象徵佛法與智慧的劍，能夠斬斷無明與妄念的羈絆。文殊菩薩的劍不是用來傷害或殺戮的，而是用來守護與解脫的。在這一天的散步中，年紀輕輕的鄰居在不經意間提醒了我文殊菩薩的劍、文殊菩薩的教法。

玩 Wordle 猜字遊戲……

再次回到床上睡覺之前，我做的最後一件事，是玩 **Wordle** 猜字遊戲。我有六次機會猜出當天的單字。全球每天有數百萬人也在玩這個遊戲，大家都在尋找同一個答案。因此，在快結束的這一天，我意識到自己和世界上成千上萬的人一樣，正面對著同樣的一道難題。這個遊戲提醒我：世界上有那麼多人，和我一樣都在努力為共同的問題尋找解答。

當我順利解出這個謎題、找到了當天的詞語時，我回到床上，微笑著入睡。那一刻，我彷彿與世界上許多其他人一起分享了這個小小的勝利時刻——我們彼此不認識，卻在同樣的時空裡，經歷著相同的喜悅，平等地微笑著。

以上就是我當天的生活紀錄。

不過，寫下這些事件，並不只是為了讓你了解我的日常。我真正的目標，是在其中尋找佛法的印記：像是無常、不斷變化、過去因果的影響、對無明的解脫、治癒煩惱的智慧、與他人共享的慈悲，以及對真實自性的體認。令我驚訝的是，佛法似乎無處不在——它存在於我的夢境中、在我清晨醒來時、在我起身行動的剎那、在我凝視蜂鳥築巢的片刻、在我的物理治療過程裡、在鄰居孩子的玩具中，也存在於我破解字謎的瞬間。我原本只想找出「一個」能夠體現佛法的日常例子，卻發現，我幾乎找不到任何一件佛法不在其中的事情。只要我們能夠清楚地覺察事物的真實本質，那麼，即使只是最尋常的生活，也將處處展現佛法。

我現在明白了：原來，闡明萬物本質的佛法，明天還會以不同的面貌等著我去發現。

佛教，確實是關於「日常」的宗教。佛法不僅存在於經書文字裡，也不僅存在於寺院或修行場域中，更不僅只是神聖的儀式或禮拜。它實實在在地存在於我們的日常經驗之中，它與我們同在，此時此地，就在我們身邊。

觀察蜂鳥，我領悟到，唯有順應變化，學會放下，
方能真正成長，獲得自由。

第二講　脆弱而共生

我們所經歷的基本現實，是活在身為人類的「處境和條件」之中。這是我們生命的根基。

美國作家馬克・吐溫（Mark Twain）曾說過：「我們必須一次又一次地學習如何做人。」我們或許可以進一步引申他的話：「我們必須不斷學習，去理解人類的處境與本質。」佛教認為，人類的處境和本質被看作是有情眾生共生體的一部分。佛教很少只談論人類，更常提到的是「一切有情眾生」。我們與地球上無數的生命共享這個世界，從化石紀錄中，我們知道許多物種曾經出現，卻未能延續。物種的生存依賴於環境，而這從來都不是必然的。

最近，我們再次被提醒，我們的生存與數量遠超過人類的微生物息息相關。新冠疫情就是我們最近的深刻體驗。人類的處境可能隨時發生劇烈變化，即使擁有科學與技術的力量，也無法確保穩定或完全掌控。

一個值得深思的問題是：人類的處境是否僅限於地球表面，受限於這片讓生命得以存在與繁衍的環境？我們的望遠鏡不斷探索宇宙，試圖尋找是否存在類似的星球。我們渴望知道，地球是否是人類或有情眾生唯一的家園，因此我們懷著期待，在火星等鄰近行星上尋找生命的跡象。

假設我們的儀器在距離太陽系數光年外發現了一顆可能適合生命的星球，以目前的科技，我們也難以在一生甚至千百年的時間內抵達那裡。那麼，此時此刻的我們該如何自處？我們腳下的這顆蔚藍美麗星球，被海洋環繞，島嶼從水面升起，而支撐它們的板塊不斷移動，時而引發地震，激起巨大的海嘯與能量。數十億人類遍布全球，他們的活動正影響著那層薄薄的大氣——這大氣層，是維繫我們生命的屏障。這一切彷彿在對我們說：「我們必須不斷學習，去理解人類的處境與本質。」

那麼，佛教如何看待「條件」呢？

佛教指出，不只是人類，一切有情眾生都依賴著維繫有機生命的「條件」。

從對其他生命形式的觀察中，我們可以記錄到，某些物種因無法適應當前環境而逐漸滅絕。如果人類所仰賴的基本條件不復存在，我們又能存續多久？

因此，所有這些令人憂慮的現象，應當喚起我們內心的慈悲。無論是在街上擦肩而過、在電視上看到，還是透過網絡連繫的每一個人，這一刻都與我們一同經歷著人類的處境。我認為，實踐慈悲的一種方式，就是當我們與他人相遇時，提醒自己：他們，同樣身處於這個無常變遷的人類處境之中。他們和我們一樣，都受著超出掌控的變化所影響。我們可以想像，每個人都像是在洶湧的海浪中載浮載沉，而我們自己亦然。無論對方的背景、血統、性別、教育程度或政治立場為何，我們都同樣身處於這個充滿不確定性的生命狀態之中。而當我們意識到，所有人都隨時可能被環境條件吞沒時，憎恨一個人就變得不那麼容易了。

再者，與人交談時，如果我們能稍作停頓，提醒自己這一點，那麼我們將更能夠真誠地溝通、傾聽、分享與尊重彼此。在戒酒匿名會（Alcoholics Anonymous）的第七步中，有一段禱詞：「請賜予我平靜，使我能愛他們最美好的部分，而不懼怕他們最糟糕的一面。」這可以說明，對人類處境的慈悲，並非對現實的否認，而是對現實的完全接納。

我們能夠在與其他生物隔絕的狀態下存續嗎？當眾多物種消失時，人類的處境會變得如何？

關於人體本質的認識一直在不斷演進。我們如今已知，人體由數以百萬計的微生物組成，沒有它們，我們無法存活。然而，最危險的觀念之一，便是認為我們毋須關心其他生物，彷彿地球只屬於人類。在這種思惟模式下，其他生命的消失無足輕重，我們也不必為此憂心。這種觀點認為，人類的生存與其他有情眾生的興衰關係不大。然而，佛教教義不斷提醒我們，我們是所有生命的共同體。我們的僧團（Sangha），我們的社群，並不僅限於人類，而是涵蓋整個有機生命的總體。我們的存亡，取決於支撐著這脆弱生命的環境條件。

如今的時代，已不再是青銅時代、鐵器時代，或是任何以技術標誌的時代，而是人類時代。我們的活動正在徹底改變整個地球。一億年後，今日人類所留下的痕跡，將不再是石器或金屬，而是一層塑膠遺留物，標誌著我們的存在。未來當二十一世紀的化石層被發掘時，它將因生物多樣性的消逝而格外顯眼——成千上萬的動植物物種，未能從一個地質時代延續到下一個。而屆時，人類自身的遺骸，還會繼續出現在地球的地層之中嗎？我們究竟還能存續多久？

無論是透過巨型望遠鏡捕捉來自數十億年前的光線，還是從滿布化石的岩層中讀取生命曾經存在的印記，人類的處境既是宇宙的一部分，也深刻影響著最微小的生命形態。佛教教義之所以能夠歷久不衰，正是因為它為人性提供了支撐與理解。

從窺見宇宙，映照出我們在脆弱生命中對理解與團結的共同追求。

釋迦牟尼佛，佛教的教主，並非生來就覺悟。身為人，他依然需要面對並克服走向覺悟使命的種種挑戰。他作為王族成員，幼年時期生活奢華，備受保護，不曾接觸生命的真相。儘管據說他曾在無數的過去世中修行，但在這一世，他仍需要經歷一場深刻的覺醒，才能肩負起為眾生指引出路的使命。然而，唯有三位生命的信使足以突破財富與權力所築起的重重圍牆，撕開蒙蔽雙眼的面紗。這三位信使，便是疾病、老年與死亡。與它們的相遇，並非詛咒，而是人生最深刻的啟示。正是這三者，使他直面生命的脆弱與無常，使他理解世界不可能永遠停留在舒適與安穩之中，這段經歷成為他人生的轉捩點。對佛教徒而言，這三大信使的出現，是值得慶祝的契機，因為它們帶來的不僅是挑戰，更是一份彌足珍貴的智慧禮物。正是它們，引領釋迦牟尼邁向究竟覺悟。

從三大信使獲得的啟示，開啟了這位釋迦族悉達多太子生涯的第二個階段。他成為一名漂泊的苦行者，尋求一種洞察，使他能夠面對並理解疾病、老年與死亡的殘酷現實。他在恆河流域的雨林荒野中漂泊六年，拜訪一位又一位導師，修習深層禪定，有時甚至對自己的身體施加苦行與克制。最終，他證得了覺悟，成為一位「覺者」，即梵文「Buddha」（佛陀）的意譯。

懷抱著弘傳真理與智慧的悲願，佛陀選擇以行動為道，開始傳播教義。他以「覺者」這個新身分初次說法度五比丘時，便是講述「苦諦」。我們將「Duhkha」翻譯為「苦」，但它的涵義廣泛，可指「生理上的疼痛」、「失望」、「不滿」、「不安」乃至「憂慮」等種種經驗。某種程度上，佛法的核心可歸納為兩點：「有苦」以及「有解脫苦的方法」。

釋迦牟尼佛的教化生涯持續近五十年，期間多次造訪恆河流域，足跡遍及方圓二百英里的城市。他的教法在許多方面都獨具特色，尤為強調開悟之路始於理解自身如何感知世界。然而，這是一項艱鉅的任務，因為我們的感官極為強大，而心識則構築出鮮明且極具說服力的畫面，使我們誤以為它是對現實的如實反映。然而，這些「畫面」並非現實本身，而是心識的精妙造作。唯有當我們真正洞悉自身經驗的本質，其中包括「苦」，才能獲得面對與超越它的智慧。

佛陀的教導根植於他的親身體悟。他指出，首先，我們必須覺醒於導致痛苦的生命真相——集諦。唯有真正接受事物的本來樣貌，才能進一步尋找解脫之道，從而超越苦惱、不滿與不安。

在佛陀八十歲時，他迎來了與死亡信使的最後一次會面。自古以來，佛教徒在亞洲各地以藝術形式描繪佛陀入滅這一刻——畫面中的佛陀側臥於右。人們常將這種形象稱為「睡佛」，但這完全錯誤。我們所見的，是佛陀歷經修行達到圓滿覺悟的結果；這正是佛陀進入究竟涅槃的最後時刻，而對佛陀而言，所有的苦自此永遠消逝。

第貳章

諦聽生命的真相

第三講　疾病

佛傳中最廣為流傳、也最受喜愛的故事之一，是年輕的悉達多太子乘馬車遊四城門，遇見「四大信使」的情景。首先，他遇見了一個病人，這是他認識的第一位「信使」——疾病。

在震驚的太子眼前，一個病重的人躺臥路旁，痛苦呻吟。那副虛弱不堪的模樣，使悉達多太子感到極度不安與排斥。他無法接受這個事實：疾病竟是人生不可分割的一部分。然而，正是這一幕——令他深感衝擊的場景——成了他日後覺悟不可或缺的一環。

如同當年的悉達多太子，我們也不得不正視疾病所帶來的影響——情緒的劇烈起伏，以及人類社會結構與觀念的動盪。新冠疫情爆發於一個科技引領著科學迅速轉型及發展的時代。在二〇二〇年之前，人們普遍感覺自己已能夠游刃有餘地應對生活種種挑戰。回首過往，那是一個旅行業旺盛、全球商業繁榮、醫療技術進步、數位革命改變了通訊與資料管理的黃金時代。曾經，我們把那一切都視為理所當然，直到疫情來臨，才意識到，那是多麼珍貴的時光。

這位疾病信使——新冠疫情——帶來的訊息無比嚴厲，毫不留情。它不容我們視而不見，就像悉達多太子當時無法忽視他眼前所見的疾病信使一樣。從此，我們再也無法繼續否認現實、安逸地生活。隨著死亡數字飆升、醫療體系超出負荷，我們不得不實施隔離、暫停營業、停止通勤、關閉機場，甚至讓教育系統全面轉為線上。這場疫情提醒我們：一定不能忘記人類處境的脆弱，我們每一個人，隨時都有可能遭受自然災害等不可抗力因素的影響。

儘管擁有先進科技、成功做到了過去發生大流行病時從未有的成就——迅速研發出可減緩疾病傳染、減輕症狀的疫苗。然而，這種微生物極難根除，而疫苗帶來的初步慰藉，很快又被現實澆滅。隨著數百萬人相繼感染，病毒迅速變異，出現的新變異株不僅削弱了疫苗的保護力，也讓疫情再次襲捲全球。無論是來自南非、紐澤西、倫敦還是中國，這些變異株持續奪走無數生命，並對數以萬計的人造成長期的健康影響。

美國小說家馬克・吐溫曾言：世界一次又一次提醒我們人類的處境。悉達多太子原本過著年輕健康的優越生活，但當他知道每個人都會生病後，便感到痛苦。我們也跟他一樣，不願聽見壞消息。令人驚訝的是，當一九一八年的流感疫情結束後，很少有人再談論它，或試著去回想它的模樣。然而，一百年後，我們依舊每年接種流感疫苗，以對抗一九一八年乃至更早期的病毒變異株。至今，我只找到一部影片，記錄那段新冠疫情徹底擾亂人類正常生活的時期。或許，人們並不想看

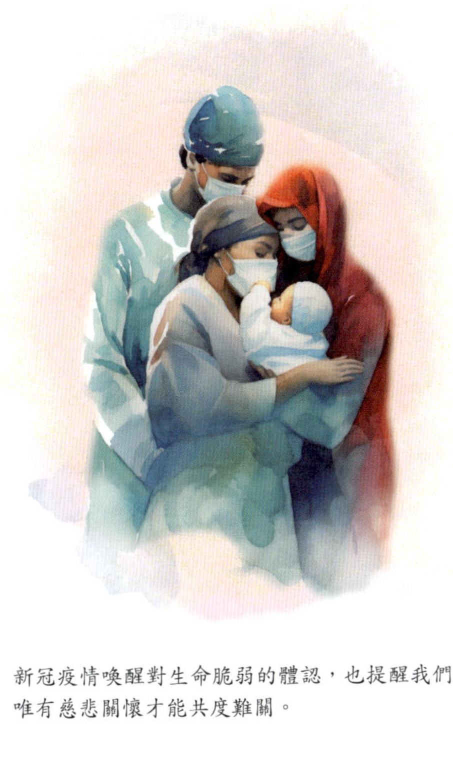

新冠疫情喚醒對生命脆弱的體認，也提醒我們唯有慈悲關懷才能共度難關。

到那段經歷在影片中重現，想遺忘這一切曾經發生。就像我們為戰爭或歷史名人設立的成千上萬座紀念碑，有人也提議，應該為所有因新冠病逝的人立碑紀念。但我不禁好奇，人們會如何看待這樣的紀念碑？

佛陀所教導的第一諦——苦諦，總是令人難以接受：當我們期望疫苗能一勞永逸、對抗一種不會變異的病毒時，聽到「無常」這個真理，往往令人感到沮喪。一切都在變化中，這包括了微生物的進化，也包括人類的現狀和處境。

那麼，我們應該從中學會什麼呢？面對那些我們不願面對的改變，以及未來的不確定性，我們又該如何回應？一些佛教經典告訴我們，當我們充分理解了人類的本質與處境，慈悲便能成為一種回應。比如，在雜貨店的收銀處遇見某人時，我們可以如此思惟：他們和我們一樣，生活在人生滄桑裡。如果我們對每個接觸到的人都能有這樣的想法，那麼，我們的第一個反應將會是悲憫於他們的處境，因為他們跟我們一樣，在人生的暴風雨中掙扎。

但要真正體會這一刻，我們首先必須承認自己也身處同樣的處境，因為唯有當我們認清自己與一切眾生身處於相同的處境，慈悲心才可能真正生起。慈悲，唯有在平等的關係中才得以存在，在那些與我們經歷相似痛苦的人們之間。而「疾病」這個訊息之所以能引起我們強烈的共鳴，是因為每個人都有可能生病，且都能切身體會發燒、疼痛或噁心所帶來的不適感。

醫護人員朝夕面對病人，陪伴病人度過病痛的焦慮；當我們生病時，來自醫生或護士

在日常生活中，我們與形形色色的人相遇，透過共同的生命經歷，彼此的連結愈加緊密，也在彼此的故事中，體會到慈悲與關懷的真諦。

的一句慰問常常帶來極大的安慰，尤其聽到他們說：「放輕鬆，有我在，我會好好照顧你。」然而，當我們認為病已痊癒、身體已有免疫力時，便很容易落入自滿的狀態。而自滿，往往與自我中心、缺乏同理心、忽視他人處境的態度相連，這正與慈悲的本質相反。

病治好了，並不意味著我們已經克服「會生病」這種狀況。在每一刻、每一天，任何一個生命體都有可能再次遭受病毒或其他病原體的侵襲。一旦身體康復、症狀消失，我們便匆匆回歸日常，很少再回想起生病時的脆弱與不安。但我們都知道，微生物從未離開，它們潛藏於生活的每一個角落。再者，這些微生物所引起的疾病，至今還無法被當前的醫療技術給完全征服，可見，它們持久且確實地存在著。

佛陀常被譬喻為「醫王」。他的首要任務，是為眾生診斷病因，唯有如此，才能對症下藥、施以有效的治療。「般若波羅蜜多」諸經反覆強調，「法」的意義之一，即是對「事物真實狀態」的如實認知。因此，凡是依循事物的本然面貌來教導真理者，皆可稱為「法師」。

因此，在生病時，我們需要「法」來告訴我們事物的真實狀態。有時，我們害怕面對現實並拒絕接受，不過這樣通常會導致更長期的痛苦，甚至死亡。

當我們生病時，正需要這樣的「法」來照見事物的真實狀態。儘管有時我們可能因恐懼而拒絕面對事實，但逃避現實往往只會導致更長久的痛苦，甚至更嚴重的後果。隨著歲月推移，我越來越能體會，認清事物真相是多麼重要。

幾年前，我反覆感染肺炎，多次就診卻始終未能確切了解病因。直到第四次復發，我遇到了一位宛如菩薩化身的醫生。她如實地「依法行事」，堅持要釐清病源後才進行治療。在確診報告出來之前，她不開立任何藥物，即使一週後化驗未果，她仍要求實驗室再花一週時間重做檢測，持續追查病因。這樣的堅持，在臨床上非常罕見。到了第二週，他們終於透過基因鑑定，找出了反覆引發我肺炎的微生物，並對症開出有效的抗生素。正如大家所見，我康復了。

這段經歷讓我深刻領悟：佛陀就像一位極具智慧的醫者，在給予眾生教導之前，必先尋找對方的「病因」，找到遮蔽其智慧的無明。唯有對症下藥，才能真正施以「法藥」，幫助眾生解除障礙。

當佛陀為他的聽眾——眾生——進行診斷，並了解他們所患疾病的根源後，便向我們揭示他的發現：除了微生物造成的病痛外，人類還患有一類疾病，它們像毒藥般腐蝕生命，且無法用草藥治癒。這類疾病，源自三種根本的「毒素」：貪欲、瞋恨和妄念。佛教經典中保留下來的大部分教義，都在教導人們如何對治這三毒——三種令人困擾、導致痛苦的內在疾病。

回顧新冠疫情爆發初期，那段令人惶恐不安的日子，以及人們的各種反應，我們不難看出：人類不僅遭遇了微生物的侵襲，同時也深受三毒的影響。從某個角度來說，與新冠病毒的抗爭，不只是針對病原體的防堵，更是一場圍繞權力與控制的角力戰。

貪欲之毒，表現在對他人的控制欲，以及想要成為有權勢之人的欲念之中。例如，當我們固執地堅持某種立場，卻不是為了健康或治療，而是為了彰顯自己的權力與價值感時，這就是貪毒在作祟。

瞋恨之毒，會出現在我們對於他人未能滿足自己的期望時所生起的怒火，並讓這份憤怒主導了我們的行為。

妄念之毒，則驅使我們抗拒接受事物的本來面目，謬認我們自以為的主觀想法就是現實。

因此，儘管我們擁有疫苗與各類治療微生物感染的藥物，但新冠疫情帶來的悲劇，仍有一部分應歸咎於三毒的蔓延不止。

我在思考這場演講時發現，無論是戴口罩、接種疫苗還是隔離，似乎每一個防疫措施都能讓人陷入憤怒乃至憎恨，人們內心的三毒有如熊熊大火般燃燒。我不得不認清，與病毒共存似乎是應對當前情況的唯一辦法。

當我感到憤怒、恐懼、排斥，並堅信自己掌握了應對生活的正確方式時，我就很容易落入陷阱——拒絕他人的觀點，否定他們獨立思考的權利；輕率地斷定他人的立場毫無價值，然後對他們的意見充耳不聞。而要心平氣和地與持不同立場的人相處，則是多麼困難。

我很幸運，在生命中有一位充滿智慧的老師相伴——我的姊姊。她以身作則地向我展示，即使活在如此紛亂的時代，也可以不受三毒的支配。她提醒我，即便是我們最深愛的人，也可能擁有與我們完全相反的觀點。因此，我不得不繼續往內心深處探索，找到那股能夠持續愛護、看見他人最好一面的力量，而不是困在對他們最壞一面的恐懼中。她也不斷提醒我：不要將他人排拒於心外。

如果這個世界只容許兩種立場——進步自由派或右翼保守派，那麼這堂課恐怕很難繼續講下去。在這樣的對立氛圍中，我想要如何被看待？哪一方才代表我的立場與身份？當我思索這些問題時，內心湧現出一種強烈的渴望：我只希望被視為一個「人類」。我渴望擁有一種能夠包容所有人的視角，無論對方信仰何種宗教、持有何種立場。我想將每一個人都視為我的同胞——人類，而不是被觀念的標籤所定義。當三毒中的一種或多種毒素被去除時，我想，那樣的每一個當下，將會變得多麼美好。回顧過去，我也曾輕易地排斥不同的觀點，甚至否定他人擁有自主想法的權利，對此，實在羞愧不已。

這些感受和反應讓我明白：要欣賞一個似乎不喜歡自己，甚至拒絕自己的人，是多麼困難。

接著，我開始思索一個從未問過自己的問題：我能否接受，有人可能不喜歡我，而我卻仍可以喜歡他們？甚至，不試圖改變他們，或讓他們回心轉意、對我改觀？

這樣的態度，是否正是「布施」的真正含義？是否正是對抗「貪毒」的一帖解藥？

在面對仇恨時，實踐慈悲或許是最艱難、卻也最重要的化解方式。我將其視為一種發自內心的行動——把對方視為與自己共生之人，而非敵對之人。這樣的實踐是完全內在的，不是為了博得他人的讚賞，也不是為了展現道德上的優越感，更不是在大眾面前炫耀自己的修為。我知道，這樣的想法聽起來也許不切實際，甚至可能被誤認為是對自身倫理立場的退讓或妥協。但無論如何，我唯一的建議是：以最謙和的方式堅守原則，不需要透過攻擊他人來維護信念。即使周遭三毒瀰漫、對立橫行，我依然可以選擇從治癒自己開始。

一旦我停止「三毒」的運作，是否就能更有力量地投入那些我深信重要的事呢？我想，是的。我在念頭、情緒與即時反應中愈能消除貪、瞋、痴的作用，我應對它們的能力就愈加有效。就如醫學所示，如果不真正理解病因，有效的治療就無從談起。我們有時甚至會用毒藥來醫治疾病，例如在治療癌症時使用的化療藥物。這說明，即使是毒，它的本質也不總是破壞性的。

同樣地，憤怒有時也能為我們帶來所需的能量與動力。然而，純粹的憤怒往往只是對事件的瞬間反應，它很快就會被更深層的思惟模式與情緒反應取而代之。不過，儘管那一刻的憤怒早已失去原來的作用，我們卻常常緊抓不放，讓那團怒火在心中持續燃燒。

因此，我們需要培養一種能力——全方位應對各種身心狀況的能力。無論是對抗由微生物引起的疾病，處理體內細胞功能的失調，或是面對由身心毒素所引發的痛苦，我們都需要一種兼容並蓄的治療能力。

我向自己承諾：當身心處於良好狀態時，要由衷地感到喜悅，全然地覺察與活在那些時刻中。因為疾病這位「信使」始終伴隨在我身旁，它的警鐘長鳴，不斷提醒我：要珍惜每一份美好的感受，並盡我所能，充實而真切地過好生命中的每一天。

第四講　老年

讓我們回到悉達多太子乘著馬車穿越街道、目睹人生諸相的情景——「四大信使」的故事。

在第二次出行中，年輕的太子看見一位老人，佝僂著身子、拄著拐杖，步履艱難地前行。當時正值青春壯年的他，無法相信這種事有朝一日也會發生在自己身上。當他得知世間每個人都會面臨衰老時，內心充滿絕望與憤怒。對他而言，若青春只是走向衰老的序曲，那麼「年輕」也就失去了意義。在佛教經典中，處處可見有關衰老的描述——那是一種腐朽、衰弱、白髮蒼蒼、機能退化的狀態。甚至有人以詩詞的方式刻劃衰老身體在行動上的不便：

想朝同一方向邁步，
卻邁向另一個方向。

你們或許認為我很適合談論這個主題，畢竟我已邁入人生的第九個十年。但我得坦白說，老年對我而言，完全是猝不及防的。我第一次在公開場合承認自己的年齡，是在一場學術會議上。當時，大家正在討論某位發表者的觀點，主持人突然說道：「在我們的聽眾中，有位長者——蘭卡斯特教授，請他幫忙解答這個問題。」我當下真想反駁他搞錯了——我還是個充滿前途的青年學者，不是對所有問題都能給出答案的「長者」。

我想分享另一件讓我非常意想不到的事。前陣子，我開車去購物，當我停在一盞紅綠燈前時，突然毫無預警地，一輛車撞上我的車尾，把我嚇了一大跳。而那天在會議上的情境，就像是這場突如其來的車禍——我只是安靜地坐在台下聆聽，沒想到會突然被點名為「長者」，這讓我萬分震驚。所以，我能體會悉達多太子在得知自己終究會衰老時，那種震驚的心情。

回想起來，我並不是在那場會議的瞬間才變老——我的頭髮早已花白，這些白髮已陪伴我十多年，只是我始終沒有承認這些年歲漸長的跡象。可見，並非一夕之間降臨，而是當我們終於承認「我真的老了」這件事時，那股驚惶才會一湧而上，彷彿一切都來得猝不及防。

從來沒有人教過我關於「衰老」這個課題。我一直認為，人是在「長大」的過程中學習如何成為一個成熟的大人，然後就此結束。但我其實已經衰老了好些年，卻直到近來才真正意識到：學會如何老去，跟學會如何長大一樣複雜。如果你上網搜尋「抗老化」，會跳出成千上萬種建議——營養補充劑、健身運動、基因療法、整形手術，每一項都保證可以讓你凍齡、延緩衰老。然而，真正能幫助我們與衰老和平共處的智慧與方法，卻少之又少。

有人曾問舊金山禪修中心的鈴木俊隆禪師（Suzuki Roshi）：「禪修最大的好處是什麼？」他給出的回答出乎意料：「禪修，是為了享受晚年。」他並不是說禪修能延緩或逆轉老化，而是說，禪修能幫助我們安然度過晚年，甚至從中體會樂趣。

美國小說家托妮．莫里森（Toni Morrison）曾說，一個故事的精髓，不在於情節本身，而在於它指向人生中真正重要的事。悉達多太子看見老人的故事，也不只是單純描述一次邂逅，而是引導我們思考「無常」及其伴隨而來的「苦」。

那麼，我們該如何理解鈴木老師那句話——「禪修，是為了享受晚年」呢？

如果我們將「老年」視為一種變化，那麼這句話也可以轉譯為：「禪修，是為了享受變化。」

變化本身有什麼問題嗎？我們其實一直都活在無常變化之中，生活及周遭的一切，無時無刻不在變動。然而，問題不在於變化，而在於我們面對變化所產生的痛苦。

該如何做才能不隨著變化的發生而生起痛苦呢？

禪修是一種好方法。在禪修中，修行者將注意力放在呼吸上；藉由數息來幫助專注、平靜那些讓人焦躁不安的念頭。透過觀察呼吸與念頭的流動，我們會發現：空氣在一呼一吸間進出鼻端，念頭亦然——它們出現不到一毫秒的時間，便消逝。呼吸與念頭的生滅，是我們對「變化」最基本的體驗。換言之，禪修的目標之一，就是學習如何不帶痛苦地經驗這些變化。倘若我們能夠掌握這樣的訣窮——在面對一切變化時不為所動、不生苦惱——我們就能更從容地迎接老年的到來。

學習與變化共處，是一門需要練習的功課。幾年前，我買了一輛新車，便下定決心要把握這個機會，好好練習面對變化。提車那天，新車的外表錚亮、毫無刮痕，車身光可鑑人，內裝散發著新車特有的氣味，引擎發動時傳來渾厚有力的聲響。我坐進駕駛座的那一刻，就開始提醒自己：這些嶄新的相狀終將改變——車子會變舊，烤漆會脫落、出現凹痕，引擎也會出毛病，需要維修甚至更換。

我的做法是：預先想像這些變化的發生。因為有所預期，當事情真的發生時，就比較不會措手不及。我為自己這樣的「智慧」安排感到頗為得意。所以，當有人在停車場不小心刮花了我車子的一側，留下了第一道傷痕時，我心裡已有準備。能夠平靜地接受車子受到損壞，我感到很是高興。

然而，這套面對變化的心法，其實潛藏著一個致命的盲點：我認為是「我的」車會發生變化——我把車子定位為「我所有的東西」。也就是說，我雖然能平靜接受「我的」車逐漸老舊、損壞，卻從未將自己納入這個變化的歷程中。我誤以為「我」是恆常不變的，而變化只會發生在「我的」車子身上。在整個實踐過程中，我始終站在一個錯誤的視角，彷彿從高處觀看著車子隨時間老去，自己卻置身事外，處在時空停滯的狀態中。但事實上，我與車子一樣，都在同步變化。

因此，當我在學術會議上被主持人稱為「長者」時，才會驚愕不已、心裡很不是滋味。直到那一刻，我才意識到，自己一直活在一種錯誤的觀念裡——以為「我」是恆常不變的存在。我還自以為，「能夠接受車子變化」的自己頗有修為。

在所有的變化當中，恐怕沒有什麼比「變老」來得更顯著了——這是一種每天都能感受到的改變：身體越來越不協調，器官機能的運作不再那麼有力、可靠。我甚至無法保證「今天還算良好的狀態」能延續到明天。如果這些迅速的變化帶給我痛苦與焦慮，那麼，晚年註定會過得很艱難。我想，這就是我在年老的歲月中，於佛教修行方面得到的重要啟發。我認為，在人生的變化過程中，若能不懷遺憾、不生憂惱地活著，便是最美好的禮物。也許，我們真正需要學會的，只是如實地面對生活的本然樣貌。

然而，並不是每個人都能有幸變老。畢竟人生若不邁向老年，便只剩下另外一條路：死亡。曾有一位年輕的朋友問我，身為老人有何感想。當我努力思索答案時，突然意識到——老年，是我和死亡之間的一切。於是，我回答他，在某些方面，我以變老為樂，並視之為一份難能可貴的禮物。

話雖如此，我仍難以完全接受，自己每天都得學習更多與老年相關的課題。我過去所學的一切，並沒有讓我為此作好準備——花這麼多時間在照顧年邁的身體上，以及迎接身體機能的變化。甚至到了我的平衡力和體力都不再足以支撐我安全行走的程度，我仍然遲遲不肯使用拐杖——被他人視為「需要拐杖的老人」，讓我對這樣的自己感到羞愧。直到有一天，我在走向屋子前門的途中摔倒了，從那之後，拐杖便成了我形影不離的夥伴。

在變老的過程中，總有學不完的新課題。如今，我已經「晉升」到必須依賴滾輪式助行器了——這再次打擊了我的自尊。對於自己虛弱到必須仰賴助行器才能行走這件事，我一度感到厭惡。不過，這一次，我學到了更多，也作了個決定：我要徹底擁抱它。我特地訂製了一台亮紅色的助行器，並請兒子在兩側畫上黃色火焰，象徵速度與力量。我不再試圖隱藏體能的衰退，而是學著去享受助行器的陪伴。

或許，老年並不是人生中最令人愉快的階段，但弔詭的是，正是科技與醫療的進步，使我們能夠延長這段年老的歲月。如今的晚年不斷拉長，卻少有人因此而抱怨。然而，人口老化正逐漸成為全球嚴峻的挑戰之一。從現在起，對於每一位二十多歲的年輕人而言，在他們的一生中，世界上的老年人口將超越年輕人口。人口統計資料顯示，若現今趨勢持續不變，在北美與歐洲，每位年滿六十五歲或以上的長者，將可能僅由一名工作者來贍養。

以日本為例，該國是全球預期壽命最長的國家，但因出生率不足、無法補足勞動力缺口，日本政府早已深刻意識到問題的嚴重性。而其中一項可能的對策是，發展機器人來照顧老年人的生活需求。為此，日本政府目前已將三分之一的相關預算投入到此類照護機器人的研發上。

儘管自上世紀中葉以來，全球人口幾乎增加了兩倍，但分布並不平均。日本、西歐、俄羅斯和北美的出生率非常低，而印度、印尼、南美、漠南非洲則占了人口增長的大部分。這就是為什麼我將這場演講定題為「老年，未來光景」——因為幾乎可以確定的是，人類未來的工作年限將會越來越長。

那麼，佛教能為這樣的未來提供什麼呢？

首先，我們必須認知，這些人口問題將會是全球性的。因此，未來的人們應以佛陀為榜樣，捨棄民族與種族的偏見，轉而關注整體人類，乃至一切眾生的福祉。相反地，若各國政府仍以戰爭相對，無疑將導致最糟的局面。戰爭會使本已短缺的年輕人口進一步流失，與當前亟需照顧老年人口的社會需求背道而馳。

根據目前的出生率來看，到了本世紀末，俄羅斯的人口將低於葉門的預估人口。若按這個趨勢發展，想要治理俄羅斯如此廣袤、曾占地球總陸地面積約六分之一的國土，將變得極為困難。如今，隨著大量年輕人在戰爭中喪生，俄羅斯與烏克蘭的人口危機只會日益嚴峻，其人民的未來也將更加艱難。

在不久的將來，社會對年輕人的需求勢必大增。為了確保有足夠的勞動力來維持既有的生活水平，反對移民的聲浪也將隨之減弱。在這樣的情勢下，一個老年人口日益增長的世界，將更迫切地需要慈悲心：不僅要對老年人慈悲，也要對那些承擔照顧責任的年輕人慈悲。如果我們能客觀地看待人類的生存狀況，如實地面對它，並深切認知到：唯有彼此和諧共處、以慈悲為本，才能讓人類繼續生存，那麼，未來便不再那麼令人畏懼。現在，正是著手為未來做準備的時候；我們每一個人，都應該參與其中，成為解決問題的一員。

晚年，可以是一段重視精神實踐的歲月，也是展現人類生命深度的最後時期。能以一位老人的身分，擁有這麼長的一段時間來生活與學習，我深感幸福。我也對年輕一代滿懷感激，他們給予我的幫助與支持，讓我得以繼續過著充實的生活。眼前還有很多事等待著我去體驗、去探索。因此，我衷心感謝每一位聆聽我演講的朋友——是你們給了我持續思索與探尋的機會。

生活的面貌已然改變，幾乎每個層面——教育、人際關係、工作與未來——都正在經歷轉變。我們正處在全新的局勢之中，而社會在許多方面卻尚未準備好去應對，包括大流行疾病、極端氣候，以及前所未見的財富分配不均等挑戰。

今天，身為一位長者，我想向你們致上最深的祝福。在這個萬象變動、充滿不確定性的時代，正是你們重新調整人生方向、找到新方式與他人建立連結的契機。這也是一個重要的時刻——你們可以透過培養正直、慈悲與智慧的生活方式，來共同守護未來。

現在，輪到你們站上前線，帶領這個世界前進了。你們持續學習、樂於與他人分享所長，從中展現的力量與決心，令我深感欣慰，也深受鼓舞。

如同史蒂夫．喬布斯（Steve Jobs）在生命最後所說：「如果你想走得快，就一個人走；但如果你想走得遠，那就相伴一起走吧！」

老年是成長的旅程——
以接納與積極的心態擁抱歲月，從新的人生經歷與親情的陪伴中，
發現那份深沉且持久的喜悅與溫暖。

第五講　死亡

再一次，我們回到悉達多太子乘坐馬車穿越城市街道，看見人生各種相狀的情景。在這位困惑不解的年輕太子眼前，一具死屍出現，傳遞了第三個訊息。儘管他當時年輕、充滿朝氣，但在得知死亡的真相後，震驚地意識到：自己未來的命運，也將與眼前這具屍體一樣。當知道自己的身體終將會屈服於無常和死亡，他感到無比絕望且厭惡。每一次出行的旅途，對太子而言，都是命運一次的重擊。前兩位信使——疾病與老年——已經夠令人沮喪，如今又得知死亡是所有人無可避免的命運，這對他而言，無疑是一次極限的考驗。

我知道，這些關於人類處境的演講內容很具挑戰性，因為一般認為這些主題令人沮喪，自然而然會想逃避，不願深入思考。或許，我們就像年輕的悉達多太子，在第一次聽聞「人會死亡」這個噩耗時，感到困惑，甚至有種被背叛的感覺。美國著名電影導演伍迪・艾倫（Woody Allen）曾說過一句名言：「我不害怕死亡，我只是希望它發生時我不在場。」多年來，我一直認同這句話，甚至經常引用它。然而，死亡這位「信使」，曾在我毫無防備的情況下造訪。

那是在一趟從澳洲起飛的航班上，我與一位好友同行。途中，他突然心臟病發作，我根本來不及反應。空服人員立刻前來試圖搶救，他對他們微笑，並感謝他們的關心。接著，他低下頭，彷彿一個開關被關掉一樣，在他們的懷裡離開了人世。對我而言，那一刻既悲傷又莊嚴，我心想：「死亡原來並不是我想像中的模樣……原來我可以承受這樣的場景……我不再需要引用伍迪那句話了……我不再介意……我可以在死亡發生的現場……」

從科學對感知的觀點來看，我們並不會真正「經歷」人生的最後一刻。也就是說，當大腦開始處理那些「已經發生」的事情時，我們的意識與作為人的經驗早已消失。能夠從我的擔憂清單中劃掉這一項，實在令人寬心——我不再需要害怕「死亡」這最後時刻了。

那次經歷讓我對佛教關於輪迴的教義有了更深一層的體會。佛教經典指出：

當意識進入身體之時，生命便由此開始；而死亡，則發生在意識離開的那一刻。根據佛陀的教導，人類的體驗可分為五個方面：

第一是「感知」，源自感官輸入；

第二是「情感」，指的是對經驗所產生的反應，包括正面、負面或中性的感受；

第三是「認知」，也就是為經驗命名、賦予意義的過程。

在這三者的基礎上，

第四個方面是「意志衝動」，即驅動行動的力量或動機；

最後是「意識」，即覺知與認知的整體歷程。

這五個方面，佛教稱之為「五蘊」。「識蘊」被視為輪迴的媒介；當精子與卵子結合、生命受孕之時，「識蘊」便與其它四蘊結合，構成完整的人類經驗。因此，對佛教徒而言，死亡就發生在「識蘊」與其它四蘊分離的時刻。

當我看著朋友在飛機上安靜地閉上眼睛、低下頭，臉上與身體沒有絲毫痛苦或掙扎的痕跡，我想，意識就在那一刻離開了他的色身。如今我能明白，為何佛教徒在面對死亡時，會將其理解為意識的離去。

我站在飛機走道上，親眼目睹他離世的瞬間。那一刻，彷彿身體的開關被關閉，意識與生命機能隨之消失。我對「意識離開色身」這個非常時刻，有了直觀的體會。當整個身體停止運作時，那份靜謐，比任何其他狀態都更加深邃而寂靜。

我父親去世後，我有機會與當時在場的年輕醫生交談。他說，那是一段難以忘懷的經歷。儘管監視器上已無任何生命跡象，也無法再測得脈搏，父親竟還能對他說：「不再難受了。」

醫學界如今已逐漸將關注焦點從單一的心肺功能，轉向對「意識」的探討。而佛教早就指出，意識才是判斷生與死最關鍵的指標，這點與現代研究的趨勢不謀而合。從某種意義來說，那位醫師見證了意識的力量。儘管父親的生理功能已停止，但在他的意識尚未完全離開身體之前，他似乎仍保有最後的清明，並用肺中僅存的氧氣，說出了人生最後的一句話。

當代醫學在界定「生命從何時開始、何時結束」這一問題時，面臨諸多挑戰。

舉例來說，何時可以合法地摘除器官進行移植？一旦身體停止運作，器官移植的成功與否，往往取決於從遺體中取出器官的速度。因此，如何對死亡的「那一刻」作出明確且合法的界定，便顯得格外重要，這樣移植手術才能及時展開。然而，身體機能的喪失，並不代表無法復甦。正因如此，許多人會預先簽署文件，表達不希望接受急救，或明確表示放棄搶救的意願。而當醫療團隊不再需要盡力急救、觀察病人是否有復甦可能時，便是進行器官捐贈最適切的時機。

我太太過世的那一天，臨終關懷的護士在電話中低聲說：「她快要走了。」因此，我在她身邊坐了好幾個小時，想要陪她走完這最後一段路。直到某個時刻，我決定稍作休息，繞著街區走了一圈。十五分鐘後我回到她床邊時，她已經離開了。

當下，我很懊悔自己在那個關鍵時刻選擇了離開，覺得這短暫的散步讓我錯過了最後的陪伴。然而，護士輕聲對我說：「她無法在你握著她的手時離開，她需要你不在房裡，才放得下。」她已經忍受了好幾天難以言喻的痛苦，因此，我的眼淚有一部分是為她不再受苦而流的。

死亡的那一刻，意識離開身體，象徵著生命循環中一個深刻而平和的瞬間。我感受到自己終於能夠平靜地接受死亡。

生命，是宇宙中偉大的奧祕之一。當我們深入分析人體時發現，那些普遍存在於生命有機體中的物質，其實在無生命體中也同樣存在。而構成我們身體的細胞，雖是維持生命的基本單位，但一旦脫離身體這個必要的生理環境，它們同樣無法存活。如果連「生命力」本身都難以準確定義，那麼無法明確判斷它何時終止，也就不足為奇了。

第六講　寂靜

讓我們最後一次跟隨年輕的悉達多太子，乘著馬車穿越城市。在此前的旅途中，他已見證了疾病、衰老與死亡的殘酷現實，內心難免充滿沮喪與焦慮。因為，不知接下來還會遭遇什麼。然而，當最後一位信使現身時，情況卻出乎意料。他並未再見到關於人類境遇的痛苦警示，而是一位內心寂靜而專注的人，靜靜地觀察著周圍的一切。這種寧靜的姿態令悉達多太子驚訝不已，尤其是在先前的見聞令他內心波瀾未平之際。

最初，他帶著幾分輕蔑詢問來者是何人：「面對人類的處境，怎麼可能有人如此平靜？」悉達多的困惑，也折射出我們的心態。我們常如他一般難以理解，甚至不願接受以平靜的方式應對生活困境，對他人的冷靜不免心生疑惑與排斥。

這位安然自若的人，難道不知健康終將被疾病侵蝕，青春注定步入衰老，生命終究歸於死亡嗎？難道這份冷靜是源於迷失，抑或是一種精神異常？在我們看來，哪怕對現實仍有一絲的認知，也難以坦然面對人類境遇而不墜入絕望的深淵。我們堅信，只要人類對現實稍具洞察，便足以讓人發出無奈的嘆息。這種情景恰似我們深陷悲傷時，卻見他人依然保持樂觀，不禁令我們想質問對方：

你不知道這個世界正在發生什麼事情嗎？你難道沒有看新聞嗎？世間災禍層出不窮：天災頻仍、人禍不斷、颶風肆虐、洪水泛濫、銀行倒閉、大流行病、氣候變遷、犯罪猖獗、槍聲不絕。這份冷靜，是否意味著逃避真相、否認現實，亦或是沉溺於幻想與虛妄之中？

這些問題揭示出，第四位生命的信使所帶來的啟示，或許是所有挑戰中最艱深的一個，遠比前三者更難以領會。當悉達多太子看到那位面對疾病、衰老與死亡卻仍能泰然自若、安然冥想的人，他的震驚確實情有可原。我們當中有多少人會認為：清晨起床、開車上班、與同事相處並應對各種棘手問題，這些會讓我們幾乎無法以一種超然的心態來面對。在這片看似永無止境的生活洪流中，我們該如何找到那份寧靜，又如何在紛繁雜擾之中保持冷靜？

有時候，以平靜的態度面對生活似乎遙不可及。因此，我們往往選擇放棄嘗試。我們甚至認為，只有在寺院等特殊場所，才能實現那種超然的寧靜。我經常聽人說，作為一名大學教授，這份工作讓我得以生活在象牙塔中，擁有專注研究和深入思考的理想環境。然而，這種觀點讓我感到遺憾。作為一名在大學生活了幾十年的人，我可以坦言，大學絕非一片寧靜之地。校園中同樣充滿了羨慕、嫉妒、憤怒和貪婪，與外界並無二

大學並非象牙塔，而是充滿挑戰與成長的歷練之地。

致。即便是在寺院道場，僧侶與同參、信眾之間的互動，也難免會引發種種困擾。

正如前三位信使告訴悉達多太子的那樣：「沒有人能夠逃離人間境遇中的考驗、痛苦與失望。」然而，此刻我們所見的第四位信使，卻以安然寂靜的姿態端坐冥想。他所傳遞的訊息，是否蘊含深遠的價值？我們是否能夠在面對人間際遇的種種挑戰時，既保持從容不迫的心境，又以積極而有效的方式應對，並將這份智慧融入日常生活之中？

科比·布萊恩（**Kobe Bryant**），籃球史上最卓越的球員之一。他曾坦言，當他進入所謂的「心流」（**in the zone**）狀態時，便能將場上表現推向巔峰。球迷如潮水般湧向球場，只為目睹他進入「心流」的瞬間，並為他在場上的神奇表現振臂高呼。沒有人會喊著要他脫離這種狀態。

科比描述，當他進入「心流」時，他感到自己與整個環境渾然一體。此時，觀眾的吶喊聲、籃球、籃框乃至得分都彷彿消失無蹤。他只是一個純然的存在，完全專注於當下。在這種狀態下，他無論投籃或傳球都幾乎不會失手。觀眾們更不會大喊：「專注些！」、「再努力一點！」、「記住戰術！」或是嘲諷說：「你開什麼玩笑，怎麼可能以輕鬆的狀態打職業籃球？」相反地，觀眾們會齊聲高呼：「心流！心流！」因為他們明白，當科比處於「心流」之中，他展現的是鼓舞人心、無與倫比的卓越球技。

然而，為什麼我們能接受籃球場上這份冷靜且強大的力量，卻無法在面對人生的挑戰時，擁有同樣的「心流」呢？只要打開電視，吸引我們眼球的總是那些充斥著問題、憤怒和危險的新聞，而極少有人關注那些散發寂靜力量的人。影視

科比．布萊恩「心流」狀態：在生活壓力中保持冷靜的專注與寧靜，是我們每天的目標。

作品中，最受歡迎的多半是關於謀殺、搶劫、毒品、非法勾當與暴利的情節，卻較少聚焦於問題的解決或描繪正向、有建設性的生活。

面對第四位信使帶來的啟示，我們不禁要思考：如何將帶來寧靜與平和的修行融入日常生活？如何在一整天中保持「心流」的狀態？科比也坦言，他進入「心流」狀態的時間往往非常短暫，很快就會回到現實中的球場，繼續全力以赴、揮汗奮戰，並為比賽結果而焦慮；而他的表現，也常因此回落至平常水準。

《心經》開頭出現的，並非佛陀，而是觀自在菩薩。他彷彿悉達多太子所遇的第四位信使，是啟示的傳遞者。經文以觀自在菩薩慈視人間境遇為起點。他凝望世間萬象，洞悉所有體驗皆瞬息萬變、稍縱即逝，本質上皆為「空」，這與他過往的認知大相逕庭。當體悟萬物空性的那一刻，他超越了一切痛苦。

達到這種覺知的境界，恰如科比．布萊恩進入「心流」時所需的極致專注與挑戰。如果我們承認「無常」與「剎那生滅」的真相，又該如何與這種現實和平共處？我們面臨的最大難題在於，無法感悟身體與思惟在剎那之間徹底改變的過程。變化之迅疾幾乎無法捕捉，讓人難以真正感知到「此刻，我已與之前截然不同」。我們的大腦並非為察覺這些微妙且瞬間的變化而設計，因此，剎那的生滅幾乎難以被清晰辨識。

那麼，我們究竟需要多久才能意識到自身的變化呢？即便凝視一個月前的照片，我也未必能察覺自己的改變。唯有將相隔五年、甚至十年的照片相互對比時，方能真切地感受到身體隨時光流逝所經歷的種種變化。

當我將過去的駕照或護照依序排列審視時，歲月的變遷彷彿躍然眼前。我能捕捉多年累積的改變，卻無法在當下的每一瞬間感知變化的細微流轉。即便如此，這種察覺更多依賴照片的提醒，而非記憶的喚起。照片成為變化的見證，而記憶則像塵封的往事般模糊不清。換言之，我們對於變化的感知是遲緩的，並且往往依賴外部工具的輔助。

但這並非是個壞消息。我們的感官無法捕捉每一毫秒的變化，這恰恰是一種恩惠，使我們免於被大量感官資訊所淹沒。近年來，氣候變遷愈加劇烈，有些地區洪水頻繁溢出堤岸，有些土地則在長期乾旱中飽受煎熬。若我們能感知自身每一瞬間的變化，那情況恐怕就如洪水氾濫般——湧入大腦的資訊將遠超其處理能力，我們最終會被感官印象的洪流徹底吞沒。

因此，我對於變化的直接感知，約以五年為單位，並且依賴照片作為佐證，而非每秒即能洞察。儘管感知的節奏緩慢，但我們仍無法否認，那些超越即時察覺的變化正在悄然推進。佛教提醒我們，即便我們以緩慢的步調觀看這個世界，也應深切體悟，變化正在以另一種令人驚嘆的速度悄然展開。

在阿毗達磨典籍中，論師們早已注意到這一問題，並將一個念頭分為四個階段：

（一）生——念頭萌發之時；
（二）住——念頭暫存之時；
（三）異——念頭轉變之時；
（四）滅——念頭消逝之時。

這個過程以極快的速度發生。因此，阿毗達磨的編纂者認為，這種瞬息萬變的心理狀態之生滅，早已超越了我們思惟的能力。我們的大腦無法以如此迅捷的速度運作……因此，看似由實體構成的世界，其實僅是一連串超出我們感知極限的瞬間所組成。我們的念頭奔流不息，使萬物看似具備實質，彷彿持久且不變。這就如同電影放映的過程，一幀幀靜止的畫面以高速切換，創造出螢幕上物體連續移動的幻象，讓我們誤以為畫面中的動態是真實存在的。這些動態影像為我們提供了一個窗口，透過它，我們得以理解那些超越感官範疇的現象。

那麼，擁有寂靜的力量究竟有何益處？在某種層面上，它賦予我們一種自由，使我們看見在應對人類的處境時其實存在多種可能。如果我們執著於問題只有一種解決方式，那麼我們便將這種回應賦予某種固有的必然性，認為「非此不可」。但佛教經典一再提醒我們，對任何事物的固定觀念都是危險的。我們所認為的唯一解答，也如同萬物一般，受制於各種條件的牽動。在某些情境中奏效的方法，或許在其他情境中反而適得其反。

人類的處境變化無窮，而難以預測的挑戰無法僅靠單一的解決方案來有效應對。唯有當我們真切地體會其中脈絡，這些經歷才會擁有深刻的意義。我逐漸意識到，我們無法以超然且疏離的視角來理解或應對人類的挑戰。作為人類，我們深深沉浸在人性的洪流之中，因此，所有的回應都必須是一種高度個人的體驗，而非以第三者視角置身事外。正如科比．布萊恩所展現的那樣，我們可以努力進入「心流」狀態，釋放自身的最高潛能。

最後，再次回到如何學習應對人類處境的這個問題，也許最佳的方法，便是以冷靜的態度和人我一如的心境來面對。當悉達多太子看見那位寂靜之人時，他驚訝地發現，那人的嘴角竟然帶著一抹微笑，這讓他難以置信。我想：或許，這樣的回應中，蘊含著一絲幽默的智慧。

面對風波，我們能否以平靜與從容的態度找回方向？

第參章

省察自我與行為

第七講　因果

我再次獲邀擔任第二季每月講座系列的講者。以下是我為本季新講座所作的開場介紹：

歡迎來到每月講座系列的第二季，探討佛教在我們生活經驗中的應用。距離第一季講座的第一堂課，已將近一年。回顧這段時間，我發現我們所處的世界仍深陷於大型流行病的影響，以及各種令人憂心的問題中，儘管我們早已期盼一切能夠回到掌控之中。在這次講座中，我特別關注的是：如何以佛教的「因果」觀點來回應當前所面對的挑戰，並以一種具有關聯性的方式來呈現。當今社會正處理著「虛假信息」的課題，來自各方的附議與反對聲音此起彼落。在這樣的情境下，佛教能提供什麼建議以作為指引？我們是否能從可獲得的資訊中，確定其「因果」是什麼？

在某個層面上，因果似乎是一個容易理解的概念——我們都知道它的含意，每天也都在經歷著因與果的發生。佛教將因果視為教義中的核心之一，科學和邏輯推理同樣接受這個概念，圖書館的書架上也擺滿了關於探討這個主題的數百本書籍。然而，一旦我們轉向當代的哲學界或科學界，就會發現要釐清「因果」是多麼的困難。我認為，加州大學洛杉磯分校的朱迪亞・珀爾教授（**Judea Pearl**）對「因果」的表述極具洞見，他說：「因果是生命的一大奧祕。」而哲學家伯特蘭・羅素（**Bertrand Russell**）有句名言：「因果定律之所以存在，就像君主制度一樣，是因為人們誤以為它不會帶來傷害。」那麼，為什麼「因果定律」會如此困難與神祕，甚至可能帶來傷害呢？

人類在歷史上經歷了多次變革，其中有些改變，與過去造成了不可逆的斷裂，永遠無法修復。我相信，新冠肺炎疫情正是這樣的一個時刻。這場疫情已深刻地改變了我們的生活，讓我們無法再回到過往的生活模式。回顧自己八十多年的人生記憶，歷史上究竟發生過多少事件，曾為人們帶來了全新的日常生活模式？其中有些事件，在當時看起來或許不特別重大。我最早記得的一個重要時刻，發生在一九三七年，我去看了人生中的第一部電影，那年我只有五歲，觀賞的是《白雪公主與七個小矮人》。這部電影對我來說意義非凡，因為它嚇到我了，特別是片中那位邪惡的女巫。當她要給白雪公主吃下有毒的蘋果時，我跳了起來，大喊：「拜託，拜託！別吃啊！」這讓帶我去看電影的叔叔感到十分尷尬。從歷史的角度來看，我屬於第一代接觸電影娛樂的孩子，而《白雪公主》則成為一個時代的象徵，首度有作品是專為兒童打造的。因為它是首部專為兒童製作的動畫電影；從個人的層面而言，那位女巫的邪惡形象讓我心生恐懼，離開電影院時仍餘悸猶存。我在維吉尼亞的山區長大，還記得家中終於安裝好電力時，我們購買了第一台收音機，並邀請鄰居一同前來，分享那晚的興奮與喜悅。收音機為我捎來有關世界重要變化的消息，某個清晨，我聽到德國入侵波蘭的消息，第二次世界大戰正式爆發；某個星期天下午，又聽到一則特別通告，說遙遠的珍珠港遭到轟炸；隔天上學時，學校新安裝的廣播系統透過揚聲器，讓每間教室都能聽到羅斯福總統向國會發表的宣戰演說。當時，我看見老師臉上落下淚水，卻不明白那是為何。

現代化進入我們原本與世隔絕的社區，加上電影新技術的出現、第二次世界大戰的爆發等事件，這些因素不斷地改變著我所居住的世界。雖然當時我並未察覺，但每一個事件的確改變我的生活與生活方式。變化從未停止，新冠肺炎疫情便是最近的一個例子，它說明了：每一次令人意想不到、難以想像的事件，都可能動搖我們對生命與存在穩定性的信念。

兩千多年以來，佛教徒一直教導我們：沒有任何事物是永恆不變的，一切都在時時刻刻發生變化。以我們的身體為例，此刻正在逐漸老去，但是身體變化的速度，往往細微得難以察覺。唯有當我看著自己年輕時候的照片時，才真正意識到這些變化有多巨大。當我翻閱六十多年前，二十四歲的我和太太結婚當天的照片時，有時會對這種變化感到沮喪。然而，最讓我驚訝的並不是自己變了多少，而是這些變化竟發生得如此迅速。我不禁思索：我真的有時間老成這樣嗎？這究竟是怎麼發生的？這些歲月究竟去了哪裡？

在我個人的生活中，曾經遇到一些困難，促使我開始思考關於「因果」的問題。我患有一種遺傳性疾病——周邊神經病變，這使得我的腳經常出現麻木感。至今為止，醫生對我的病情診斷結果頗為一致，認為它是一種「家族性」的疾病，是從我母親那一方遺傳而來的。那麼，她是否就是我身體虛弱的「原因」呢？在我母親逝世之前，我曾跟她討論這個問題，她回憶起，她家族中確實有一位成員也出現過相同的症狀。

那麼，我母親提到的那位家族成員，真的是我患病的原因嗎？如果我有機會與那位親戚交談，我猜他可能會說，早在他們的祖父母那一代，就已經有家族成員出現類似的病症。最終的答案，或許就如珀爾教授所說——這是一個「謎」。我們究竟要追溯到多久以前，才能在基因遺傳的歷程中，找到這個疾病第一次出現的突變？這很可能是橫跨了數個世紀，也有可能是近幾代才發生的變異。如果未來這疾病出現在我曾曾孫輩身上，我會因此被責怪嗎？我是否應該寫封信留給後代，說明我並不是這個病的「原因」，我只是基因遺傳鏈中的一個媒介？在準備這次演講的同時，我也諮詢了一位專家，看看是否有新的治療方法。令我驚訝的是，她安排我進行基因檢測，試圖找出可能導致這些症狀的基因組合，就像偵探辦案一般。

在科學研究中，於尋求「原因」的過程，不免會遇到種種困難。舉例來說，有一種現象叫做「辛普森悖論」（Simpson's Paradox）。當我們找到某件事情的原因時，常會感到寬慰，因為這些資訊可作為未來行動的參考依據。然而，這個悖論指出：只要在研究架構中加入一個新的變項，原先的結論可能就會完全反轉。幾年前，當許多人得知「喝紅酒的男性壽命會更長」時，無不感到興奮。我有幾位朋友甚至立刻買了幾箱紅酒，並解釋說這是為了促進他們的健康、延年益壽。但後來一項新研究發現，從統計資料來看，那些喝紅酒的男性往往比一般人更富有，享有更好的醫療保健，也受過更高程度的教育。於是，當研究者根據這三個因素，找出那些擁有財富、醫療保健和高等學歷的男性，再來探討長壽和紅酒之間的關係，便會得到截然不同的答案：在這些具有社會優勢的男性當中，喝紅酒的人壽命反而更短。這就是悖論——一項研究顯示喝紅酒可以使人長壽，而另一項研究卻發現它可能縮短壽命。

你可以在電視上的藥品廣告中注意到這一點。一開始，我們被告知這種藥物能提升生活品質；但接著，又被當頭一棒說，在某些條件下這些效果可能並不成立。事實上，藥理學也早以承認，同一種藥物在特定情況下甚至可能導致死亡。那麼，我該如何決定該不該服用呢？

這些年來，當生活的壓力讓我幾乎難以承受時，我曾尋求了心理諮商的協助。在心理治療師的引導下，我試圖釐清焦慮的原因：是來自身邊的某個人嗎？是我的父母嗎？還是因為我出生於經濟大蕭條時期、經歷過戰爭時期、或對核武感到恐懼？又或是因為某些工作未必能成功而產生的不安？那麼，我究竟該把我的故事追溯到多遠以前呢？如果我的父母有他們的問題，那他們的父母——也就是我的祖父母呢？是否三代人之前發生的事件，仍在此刻影響著我的經歷？我的曾祖父，是不是問題的源頭？我應該將這段故事追溯到多遠？直到現在，這依然是一個謎。上個世紀，天文學的發現帶來了重大的突破，解釋了我們周遭所見一切發生的原因。天文學家發現，我們所處的宇宙持續在擴張，而這樣的擴張已經延續了約一百四十億年。依據部分科學家的說法，這段時間甚至可能更久。透過追溯剛剛抵達地球的光線來源，科學家推論出，這一切始於一次「大爆炸」。從某個角度來看，我們所有人，都是從一個微小而密集的粒子所擴展出來的結果。我們的身體，就是由當初開始擴張的物質與能量所形成。根據這些科學數據，可以說，我們都是「大爆炸」的產物。然而，要理解這個宇宙事件對我們日常生活的實際意義，並不容易。當我面對生活中的困境時，我通常不會想到「大爆炸」，然後就心情變好。在處理關於宇宙歷史的種種經驗時，我幾乎無法用道德或倫理的角度來思考它們。

我們處理這種宇宙問題的方式，是選擇一個特定領域進行研究，並在某種意義上對其加以框定。透過將探究限制在這個較小的參照範圍內，我們得以呈現其中的模式、因果關係與影響。然而，這樣的參照框架，基本上仍受限於人類認知所能經驗的範圍。佛教徒意識到，我們既存在於宇宙之中，同時也存在於地球這個可感知的經驗領域中。他們觀察到，在無窮無盡的宇宙空間裡，人類的經歷只是微小一隅。為了能與這個世俗領域及宇宙的真實共處，佛教提出了兩種「真理」的觀念。其中一種被稱為「究竟真理」，是指在宇宙無限擴張中所運作的真相；另一種則是我們每一刻、每一天所經驗的「世俗真理」。這兩種真相的存在，可能令人困惑：難道某個事物可以同時既為真、又為假呢？

在我們的感知經驗中，此時此刻，我們面對一個事實：關於疫苗接種，我們的國家乃至整個世界，分裂成好幾派。疫苗究竟是能拯救生命、具有重大益處，還是可能帶來潛在風險、導致身體產生不良反應？就連家庭內部也對此存在著不同看法。如果家庭中一部分成員接受疫苗接種，另一部分決定放棄接種，那會發生什麼情況呢？恐怕統計數據將會被我們來回拉扯、各執一詞。若沒有疫苗，我們是否能單靠「群體免疫」來解決問題？回顧歷史，在歐洲黑死病肆虐期間，既無疫苗，也不知病因，瘟疫得以在人群中迅速擴散。其代價為何呢？歐洲總人口約有三分之一喪生，有些村莊因無人生還而從地圖上消失。一九一八年的流感大流行同樣沒有疫苗，對年輕人尤其致命，在導致數百萬人死亡後，疫情才逐漸趨緩。在我年輕，直到上大學那段期間，小兒麻痺症是最令人恐懼的大流行病。我居住的小農村身受其害，許多童年朋友和熟人因此終身不良於行，就連我們的總統，也因感染而受到嚴重影響。除此之外，我年輕時，結核病長期潛伏於日常生活中，當時全國設有數百家療養院，收治數以萬計的病患隔離治療。而當我詢問我的孫女是否知道什麼是結核病療養院時，她卻一無所知。麻疹、流行性腮腺炎、水痘、白喉等孩童常見疾病每年都在校園蔓延。我們會排隊施打天花疫苗，並對多次接種，以將微生物引入皮膚而留下的疤痕感到驕傲。

回顧歷史，我們可以明顯看出：人體極易受到病毒和細菌的侵害。新冠肺炎只是最新一個在全球迅速傳播的病毒，它甚至能在短短數小時內，透過空氣擴散到遙遠的地方。然而，曾在我年輕時期，被視為奇蹟、成功阻止病毒擴散的疫苗，如今成為各種爭議焦點。因果關係的探討也從單純的醫學問題，轉變為牽涉政治的公共議題。什麼才是能真正帶給人們最佳結果的方式?是可能引起副作用的疫苗?還是伴隨著高死亡風險的群體免疫?在因果律的應用上,人們各自站在不同的立場。由於所涉及的風險重大,隨之而來的憤怒與恐懼,也不斷升高。

因此,這引申出一個問題:我們對於對錯、苦樂、善惡、上下、快慢的評價標準,是如何在身體與意識中形成經驗的?這不僅是早期佛教徒面對的挑戰,也是那些闡釋「萬物本來如是」的古代大師們所必須面對的難題。在佛教所列舉的六個因中,有一項讓我覺得安慰,那就是第四因。經文指出,此因源於我們對事物的真實本質一無所知,而這種對事物真相的無知,會帶來深遠的負面影響。這讓我感到釋然,因為我理解它的意涵是:當某個原因導致某個結果時,我們其實是在見證事物的本來狀態。即使我們不喜歡那個結果,它的發生也完全符合事物的真實情況。無論他人如何操控或扭曲事情,因果法則總是與事情的真實狀態相符。新冠疫情期間的觀察也證實了這點:無論疫情退卻或惡化,病毒始終依循其本質運作。儘管病毒令人恐懼,但因果鏈仍忠於自然法則。不過,雖然一切都處於變動之中，我們仍然試圖努力控制病毒的傳播，並假設其變異與擴散是可以觀察，甚至在多數情況下是可以預測的。正因如此，我們才有機會研發疫苗等資源。

「事物本來如是」，這是我們面對生活時極為重要的一個面向。疫苗的本質，正是反映這種真實的存在狀態，而不必然符合我所期待或想要相信的樣態。我當然希望疫苗百分百有效，並具備終生保護力；但無論我多麼渴望如此，疫苗作為一個「因」，其所產生的「果」必然反映事物的真實狀態——它既不是百分百有效，也不具備終生效力。若僅因疫苗不夠完美而全盤拒絕，我是否正冒著貪圖完美而失去實質利益的風險？既然每一組因果關係都與事物的真實情況同步，那麼，什麼時候，我們才能說某事已經夠好了呢？如果我們試圖在不考量事物的真實情況下生活，是否最終會迎來殘酷的後果——醫院裡擠滿了生病以及垂死的病人？

雖然佛教徒認為，人類經歷的一切皆有其原因，但他們對此有更深入的分析。因果關係的其中一個面向，是強調某個事件發生後，隨即引發結果的那一刻。舉例來說，想像有人將一塊巨石推到懸崖邊緣，當巨石推到即將墜落的臨界點時，即使只是輕輕一推，也足以使數噸的岩石轟然墜下。

佛教經典告訴我們，某一結果的發生往往有一個「直接原因」的時刻，就像那道最後的力量，推使巨石從懸崖邊緣墜落。然而，這個直接原因並不代表整個因果的全貌。在佛教的觀點中，直接原因與其他許多條件——即促成某一結果發生的必要條件與因緣——緊密相關。因此，若要詳列所有使巨石得以墜落的必要條

佛教的因果教義揭示了萬物的相互連結，並突顯每個簡單行動背後隱含的深遠與複雜因緣。

件，這將永無止盡。從某種意義上來說，發生在那塊巨石上的一切，都是促使它移動到懸崖邊緣所必須具備的一部分因緣。

小時候，我和哥哥喜歡爬上山頂，把一個舊的汽車輪胎從坡上滾下去。看著輪胎一路彈跳並加速滾動，最後停在山腳下，總讓我們覺得非常有成就感。我們深信，是我們讓這件事情發生的——首先，是我們找到了舊輪胎，把它清理乾淨並推到山頂，然後讓它在速度和力量的作用下滾落懸崖。但我們從來沒有想過，那個輪胎其實是產自俄亥俄州阿克倫市，或是源自馬來西亞生產樹膠的橡膠園。在我們的經驗中，我們只想到主要的原因是因為我們費力將輪胎推到了山頂上。然而，若我們要為那個輪胎寫一篇它的生命故事，就會發現，我們的行為，只不過是它漫長歷程中的一個小註腳罷了。

在禪宗的傳說中，有一個人打坐多年，卻始終沒有開悟的體驗。某天，他在清掃寺院花園時，掃帚將一顆小石子掃向空中，石子擊中了一根竹子，發出「叮」的輕微聲響。聽到這「叮」的一聲，這位習禪者終於迎來了長久渴望的開悟時刻。

那麼，是小石子撞擊竹子的聲音促成了這個關鍵時刻嗎？如果單靠聽見石頭的聲響就能開悟，那我是否該走進花園，朝著竹子投擲小石子，藉此達到開悟的境界？我們知道，真正造就這偉大醒悟的不僅僅是那一個聲響，還有在那之前多年禪修的積累。這提醒了我們，發生在某件事情最後時刻的那直接原因可能並不重要，唯有在與眾多的因緣條件結合時，這最後的觸發點才具備深遠的力量。

我想如何過我的生活呢？

我已經把多少顆巨石推到了自己生命經驗的懸崖邊？又有多少潛在的危機，正隨時可能在我周圍崩塌？每當一些看似微不足道的事情發生時，我曾有多少次爆發出憤怒和挫折？多少次，我會因為別人的一句話、一個皺眉、一聲訕笑而感到崩潰，這並非是因為哪個詞語或眼神，而是因為我心中的「巨石」，只需要輕輕一推就會墜落？如果我不想擁有一長串隨時可能墜落的「巨石」，該如何避免？我該如何擺脫這些越滾越大的困擾，好讓自己能自由地生活，而不是持續活在壓力與壓迫中？

最近，我在一場為出家法師開設的課堂上授課，其中一位學員問我：「在教授佛教思想和概念時，該如何吸引人們的關注？」我給出的建議是：「不要教導教理，要教導人。」當我書寫這場演講的稿子時，這段對話再度浮現腦海。

一開始，我原本打算確保這堂課能涵蓋有關「因果」的所有概念。但當我試著將這些內容寫下時，我意識到，我真正的任務，是試圖談論我們每個人當下正在面對的問題。多數人對「因果」這個抽象話題不太感興趣；反而，他們更想知道的是，佛教的教義是否涉及諸如疫苗接種等問題。我所分享的內容，也許在今天來看相當貼切的，但五年後，這些內容還能引起我們的關注嗎？你現在應該已經發現，其實我並沒有太多明確的答案，心中反倒充滿著無數個未解之題。因此，我也只能邀請你，與我一同探尋，在這個混亂且不斷變化的時代中，我們能共同生活的方式。

每個事件背後，都有無數條件交織成因。我們的行為，不過是這複雜因果故事中的一個個小篇章。

第八講　空性

佛教經典充滿了關於空性的敘述，這是佛教中較難理解的層面之一。我在早期的教學生涯中，曾努力尋找恰當的方式來解釋這些教義，但是常常感到力不從心。

然而，往往在我們茫然無措的時候，就會出現一位老師。

我從一九七〇年代初開始探索韓國的佛教，一有機會就到韓國各地旅行考察。在一次旅行中，我訪問了韓國釜山附近的通度寺，寺內的僧侶們告訴我，應該去拜訪他們宗派的一位大師。他年事已高，不再遠行，但他的隱居地距離通度寺不遠。我設法向他傳達請求會面的消息，他同意了。

這位大師即使向世人宣布想要退隱，在寧靜的環境中安度晚年專注禪修，但他的名聲使他無法完全隱居，人們仍蜂擁而至，希望能聆聽他的教誨。由於通往隱居處的道路沒有鋪設柏油，大雨天時幾乎無法通行，因此有人在山坡上修築了一條狹窄的水泥路，作為明顯的標誌，指引人們前往大師的所在。

我走進他的房間時，他正坐在墊子上，我也拉了一張過來，坐在他腳邊。他問我是否有什麼想請教或需要協助的事。我說，我在柏克萊教導學生關於空性的概念，但他們常常把我的講解理解為：空性就像空間、虛無或是一種毫無特徵的狀態。有段時間，每年總有一些學生得意地交上一張空白的紙當作期末報告，宣稱自己已經徹底理解空性，因此應該獲得高分。我告訴他們，一張白紙絕對不是對空性的正確詮釋，並要求他們重新研究與寫作。

坐在這遠離喧囂的隱居之處，我轉向這位老禪師，問他如果遇到這樣的學生，他會怎麼教導他們。他彎下身子，抓住我的手，說：「讓我來教你。閉上眼睛，感受呼吸，放鬆片刻。」然後，他說：「現在，睜開眼睛。」我睜開眼，他立即揮動雙手，指向我們面前的房間，說：「這就是空性的樣子。它無所不在，就在我們眼前、身邊，存在於我們每天的生活中。告訴你的學生，《心經》教導我們：『色不異空，空不異色。』」

從那以後，我經常透過觀察周遭環境來銘記他的教導，提醒自己：我所看到的這些色彩、形狀與樣貌，其實就是空性的展現。

但這是否意味著，我們所看到的一切，都只是空性？佛教教導我們，若要踏上覺悟之旅，就必須完全理解我們的感官與大腦的運作方式。當我望向房間、電腦、螢幕上的影像時，所謂「看見」，其實只是光線從物體反射出來，進入眼睛，穿過水晶體，刺激視網膜上的感光細胞，進而啟動視神經，再將訊號傳遞到大腦。到了大腦，這些電流又觸發了一連串的化學反應，神經傳導物質釋放、擴散，與受體結合……才產生了「我看見某樣東西」的經驗。因此，我所經驗到的，既不是電腦螢幕，也不是椅子本身，而是大腦中所發生的電流與化學反應。這個經驗本身是空的，並沒有任何椅子或電腦螢幕……這些東西都不在我的大腦裡。

《心經》中提到，觀世音菩薩透過觀照自身的生命經驗，而洞見其空性。佛教從未主張這個世界不存在，或「什麼都沒有」，而是指出：我們對世界的經驗，本質上是空的。我們無法逃避這種空性，因為我們所能體驗的，只是感官與大腦共同建構出的經驗，而這樣的經驗，實際上與我們所見、所聞、所嚐、所觸的事物本身並不相同。大腦是一個極為奇妙的器官，它創造出「我正在直接經歷外界事物」的感受，形成一種虛擬實境，使我們相信自己真實地接觸到了所感知的事物。若以當代科技術語來說，我們可以把大腦形容為一部製造虛擬實境的裝置，其所投射出的影像真實得令人深信，自己所經驗到的就是外境本身。

我們的兒孫輩在玩虛擬實境的電腦遊戲時，都知道這是建構出來的體驗。在遊戲中，他們可能經歷到軍隊和外星人激烈交戰，賽車在賽道上競速狂飆，這些都以 3D 形式呈現，甚至可以像觀察真實戰場或事件一樣生動。但遊戲玩家知道這只是遊戲，比起在沒有電腦遊戲和虛擬實境頭盔下長大的我們這一代，他們更清楚這一點。許多花數小時沉浸於遊戲的人，漸漸習慣那些與自己實際分離但又立體且生動的場景。那位韓國的老禪師提醒我，我們的大腦構建了我們所體驗的影像，即使這些影像只是卡通般的形象，卻被塑造得栩栩如生，以至於我們需要經過一番說服，才能認識到它們的空性。從某種意義上來說，我們從出生的那一刻起，就參與了一場虛擬實境遊戲。

拜訪了韓國老禪師後，我回到柏克萊校園，決定向生物系的同事請教。於是，我打了一通電話到生物系，請祕書幫忙聯絡任何一位研究感知的教職員。出乎意料的，她立即回答說：「我正好有合適的人選。」

我聯絡了祕書推薦給我的研究員，他多年來一直在研究兔子聞到食物時，大腦中發生的物理反應。他已經在這個研究領域耕耘二十年，並找到當食物氣味吹進籠子時，兔子大腦中會被啟動的特定細胞。我向他分享了五世紀印度比丘陳那對佛法的闡述。陳那認為，獲得有效知識的途徑只有兩種：其一是透過感官器官的刺激，引發大腦的瞬間反應，構成最初的感知經驗；其二，是隨後由大腦建構出的思惟活動，形成我們對世界的認知。而這些由思想所建構的認知被視為「空」，因為其內容與引發它們的外在刺激無實質關聯。因此，佛教教導我們，所有感官經驗的本質都是空性。

他聽後感到有些驚訝，我一時不確定這段來自數世紀前印度的論述會如何被他理解。不過，幸運的是，他對這個觀點抱持開放態度，並與我分享了他的研究成果。他描述，在實驗中，當食物氣味吹進籠子裡時，兔子透過鼻子接收到「有食物」的信號，只要推動面板，就能獲得食物。過程中他發現到，兔子大腦中與鼻子感官有關的神經細胞僅活躍不到兩秒鐘，之後，兔子便不再依賴嗅覺，而是憑藉大腦其他區域的處理來完成取食行為。他的發現，對大腦科學是一大貢獻。我他打趣地說，研究這個過程的時間越久，他發現兔子依賴嗅覺的時間就越短。我想，當那位韓國老禪師誦念《心經》中「是故空中無色⋯⋯無色、聲、香、味、觸、法」的經文時，其實是在指出：兔子只需要一毫秒的感官刺激，其後牠們對這一瞬刺激的所有行為與反應，皆源自牠們內在的心理建構。

人們常問我：「如果這是真的，那麼這樣的資訊有什麼意義？它真的會影響我的日常生活嗎？」我經常以看牙醫做根管治療的例子來說明。若是沒有某種控制的方法，這種手術可能帶來的疼痛讓人無法想像，所幸有麻醉劑可以注射到組織中，阻斷任何信號傳達到大腦。如果信號無法刺激大腦，那麼即使牙齒被切割、敲碎、拔除，我們也不會感到疼痛。但是，痛的不是牙齒嗎？難道那顆牙齒不是真實的，所以疼痛不存在於其中？答案是否定的。牙齒本身並不會痛。麻醉藥物是一種神經阻斷劑，所以疼痛感消失，其實是因為資訊沒能被傳送並處理。好比你可以將眼球從眼窩中挖出來放在桌子上，但它無法「看到」任何東西。這就像那則古老的公案：「幡動？風動？」「皆非，是心動。」那麼，牙齒會痛嗎？不會。只有當來自牙齒的訊息傳送到大腦並產生心理建構時，我們才會經驗到「痛」的感覺。

佛陀曾拒絕回答某些提問，所以反對者有時會以此作為理據，認為佛陀並非無所不知。為什麼佛法很難明確地給出某些答案呢？我們從法庭上的審問笑話中可知，有一種提問，它的任何答案都是自打嘴巴。比如：「你還在打你的狗嗎？」無論我們如何誠實地回答「否」或「是」都會陷入困境，因為這個問題本身就是個陷阱。在佛教經典中，對於這類問題通常是不予回應的，比如：死後我會去天堂還是淨土？無論如何回答，都暗示著有一個恆常不變的「我」會持續存在；但問題的核心不在於死後是否會去淨土，而在於「自我」本身是否實存。

那麼，在身體死亡的那一刻，「自我」又是什麼呢？我們可以先試著了解當下「自我」的實相：我如何從這一秒存在到下一秒的？

唐朝女皇武則天曾召見一位備受尊敬的高僧，請他解釋佛教中關於「無常」和「無我」的概念。她坦承，她無法將自己多年的生命經歷與無我的觀念相結合。我們可以想像，這位高僧面臨了多大的壓力——該如何用短短幾句話，向女皇講解如此複雜的問題？他認為僅用言語是難以說明的，於是取來一百支蠟燭。在武則天面前，他點燃第一根蠟燭，並用其火焰點燃第二根，隨後吹

如百燭傳火，剎那相續，映現無常變化的自我與空性的本質。

熄第一根。接著以第二根點燃第三根，再將其熄滅，如此循環，直到點燃第一百根蠟燭。他將那支燃著的蠟燭遞給武則天，問她這火焰和第一根蠟燭的火焰是否一樣。武則天回答：不一樣。高僧接著說道：傳遞火焰的過程，就像我們所經歷的每一個瞬間；我們的生命是由一連串相互關聯但又各自獨立的瞬間組成，沒有任何事物能夠保持永恆不變。

所以，當人們問：「我死後會往生淨土嗎？」其實應該先反思：「我」是什麼？任何認為有一個恆常不變的「我」能穿越死亡、延續未來的想法，皆違背佛教「無我」的根本教義，因為沒有一個「我」能持續超過一毫秒。如果我們能體認此生中，「我」每一剎那都在變化，那麼對於「死後的我會怎樣」這個問題，其實也就有了答案。

在《般若經》中，佛陀告訴須菩提，要把這種智慧教給那些追求圓滿覺悟的菩薩。佛陀想藉此考驗須菩提對人類存在本質的看法。須菩提答道：「我沒有看到任何可以稱為『菩薩』的東西，也找不到任何可以識別為『般若波羅蜜多』的東西……我要如何教導呢？」須菩提完美地通過了考驗。他的回答體現了佛教的核心教義：沒有任何東西具有恆常存在的本質，一切都是瞬息萬變，從一個瞬間到下一個瞬間的變化都是完全及徹底的。

經文中談及輪迴，但「重生的我」與「前世的我」並不相同。如同那位高僧告訴武則天的，這是一個因果相續的過程，並沒有一個恆常不變的「自我」能在死亡之後繼續存在。即便此刻我正與各位說話，也沒有一個固定不變的「我」在這裡。

還有另一個問題——「殺害一個虛構的人是否會產生惡業？」或許我們可以換個說法：「如果我對他人的體驗僅限於內在的心理建構，那麼倫理和道德行為如何立足？」難道，這些「他人」都只是心理建構嗎？

多年前我讀過一個故事，至今仍讓我心有餘悸。故事背景設定在一個社會凝聚力開始瓦解的未來世界。城市面臨了一個重大問題：高樓大廈裡的狙擊手隨機射擊街上的無辜民眾。故事裡的男主角對此深感憤怒。有一天，他目睹了一個人在他居住的建築外被槍殺。第二天報紙刊登了死者的照片，就在男主角看照片時，照片突然變大，隨後分解消失，他發現，這張刊登在報紙上的黑白照片最後成為一堆黑白的點。他走到窗邊看著城市，同樣的現象又發生了，他眼中的街道和建築物放大了，最終顯現為一堆彩色的點。

第一次聽到這個故事時，我深感震撼，它與佛教教義竟如此相近，亦即：我們所感知的一切都是空的，沒有任何實質的感官對象。然而，男主角並非一位開悟者，他這種「一切經驗皆為心理建構」的理解，最終導向的是幻滅。他開始輕蔑自己過去的一切想法，認為如果世界只是一堆彩色的點，那麼就沒有任何東西值得依賴、獲取或關心。接著，他走向壁櫥，取出一把步槍，朝街上的行人開火。他淪為自己最厭惡的人——冷血的狙擊手。他告訴自己，如果世界與他所想的不同、一切都只是彩色的點，那麼自己的行為也無關緊要。

但菩薩與佛陀早已深知，我們對他人的感知，是一種不包含他人任何「實體元素」的建構。那麼問題來了：是否有可能教導一個虛構的人？為什麼要這樣做？這有什麼意義嗎？佛教經典告訴我們，覺悟者即使完全理解對他人的感知經驗是空性的，他們仍然會教導他人。我們或許可以像故事中的男主角一樣，把它看作是一種愚蠢的行為，覺得我們在自己大腦中呈現為「他人」的彩色點上浪費時間毫無意義；然而，在閱讀或觀賞影片時，我們卻堅信體驗這些虛構的重要性。觀看電影時，實際上只是許多彩色的點流入我們的視野，這些畫面是被創造出來的虛構世界，但我們對裡面所描繪人物的同情卻可能無比深切。當劇情觸動我們的同理心時，我們會因為共鳴而流淚；當看到劇中人運用洞察力和智慧化險為夷，最終走向幸福時，我們會感到歡欣。為什麼我們會在虛構的故事中，投入這麼多情感呢？

我認為，佛教經典不斷傳達並提醒我們一件事：我們所擁有的，僅僅是感官與心理的經驗，這些經驗充滿了形式、形狀、色彩，以及痛苦與喜悅的感受。如果我們因此認定這些經驗毫無意義，不含道德或情感價值，便轉身加以否定，那麼我們將墮入一種冷漠、無悲心、憤怒而痛苦的境地。對經驗的拒絕，最終會導致對存在的無力感，並不可避免地滑向精神上的極度抑鬱。然而，佛教經典描繪了另一種截然不同的回應方式——平靜地接納經驗的本質，清楚覺察當下發生的一切，不讓它成為痛苦的根源。事實上，藉由這樣的洞察，我們反而能體會到更深的滿足與喜悅。畢竟，如果我們能在觀看明知虛構的電影時哭笑投入，為什麼不能用同樣的心境，去欣賞當下的每一份感官經驗？

每天散步時，我總會經過一些美麗的景觀，比如：一朵潔白而精緻的白玫瑰、一棵如雕塑般矗立的老樹，或是一叢叢地被植物，開滿了比大型花卉更鮮艷奪目的小花。我明白，這些只是感官刺激經由神經傳導、大腦加工後的心理建構，但這並不妨礙我沉醉其中，欣賞這些彩色點在我心中所構成的「花朵」。當我認知到這一切都是空性的展現時，我的感受並未因此失色，反而更深刻地增添了對這世界的驚嘆與感恩。我甚至忍不住想對那朵白玫瑰輕聲說道：「我知道，我只能透過大腦的化學反應認識妳，但如果妳真如我所感知的那樣，那妳真的很美。」

生命的奇蹟，就在於我們擁有這樣的心理建構能力。它讓我們在各種影像、色彩、聲音與人際連結中，不斷被觸動、啟發，並感受到豐盈的喜悅。偶爾，當我們全然投入於當下的美好經驗，那一刻，「空」不再是「什麼都沒有」，而是「一切」。

第九講　行為

我最近聽了一名年輕運動員的訪談，這是他剛進入職業籃球聯盟的第一年。主持人問他：「你在這個層級打球以來，學到什麼最困難、卻也最重要的事？」他毫不猶豫地回答說：「學會接受失敗。」這位運動員是一位極具天賦的選手，在高中和大學期間，他所屬的球隊幾乎年年奪冠，有些賽季甚至全勝未敗。他非常熟悉如何贏得比賽。然而，進入職業聯盟後，他發現情況完全不同。即便是聯盟中表

正念能培養韌性，幫助我們從失敗中汲取智慧，成功時也不忘自省。

現最出色的球隊，也可能會輸掉三分之一的比賽；而若一支球隊贏球與輸球的場次差不多，已經算是非常幸運了。教練們經常提醒球員，真正的關鍵在於球隊如何面對失敗。當我們贏球時，成功看似理所當然；但當我們輸球、失敗時，又會如何面對呢？

我們的宗教經典中充滿了各種考驗人類行為的故事，目的在於檢驗人們是否能夠承受所面臨的苦難與挑戰。希伯來聖經中的約伯，就是一個極具戲劇性的例子。他所承受的人間苦難，似乎完全無辜且不應該發生在他身上。這與佛教中某些本生故事頗為相似。約伯的故事從他過著正直而富足的生活開始：他恪守倫理道德的準則，享有財富與成就。這看起來彷彿是一個清楚說明「端正行為自然會帶來好報」的故事。然而，故事情節突然轉折，一位墮落天使——撒旦——出場，打破了這份平靜。撒旦觀察到約伯生活順遂、安然滿足，便向上帝提出挑戰。撒旦譏諷地說：「約伯當然順從你，他快樂又滿口讚美——但那是因為他一切順利。你怎麼知道他真正的品格呢？」換言之，當人生如意、成功且獲得豐厚回報時，誰不會滿懷感恩？但若有一天，約伯失去了所有的幸福——健康、家人、財富，乃至所有曾支撐他的事物——他會變成什麼模樣？撒旦挑釁地對上帝說：「除非讓約伯承受極端的考驗，否則你永遠無從得知他對你的真實感受與忠誠。」於是，考驗展開了。上帝允許撒旦奪走約伯的一切——財富、親人、朋友。無須多言，約伯陷入深深的困惑與痛苦，開始質疑上帝為何讓這一切發生在他身上。

佛教中的〈尸毗王〉本生故事，也是一個類似於人格與毅力試煉的例子。尸毗王是統治一片遼闊富饒土地的國王，以他的智慧與慈悲深受臣民敬仰。在故事的場景中，梵天與帝釋天出場，他們如同〈約伯記〉中的撒旦，對尸毗王是否真的能承擔人生一切挑戰產生質疑，於是設下試煉。其中一位天神化身為一隻驚慌失措的鴿子，另一位則變作老鷹。鴿子飛到尸毗王面前，哀求道：「偉大的國王，求求你，救救我！老鷹要殺了我！」尸毗王立刻將鴿子摟入懷中，安撫地說：「放心，我發過願要守護一切眾生，沒有任何生命會在我面前受害。」這時，老鷹從窗外飛入，要求國王交出鴿子。尸毗王婉拒，並重申自己守護生命的誓願。老鷹則反問：「我難道不是一條生命？我不也需要新鮮的肉才能生存？你要拒絕餵養我，眼睜睜看著我餓死嗎？」

被這麼一問，尸毗王從原本的自信陷入兩難。他內心思索：「為了救一條生命而犧牲另一條生命，這並不究竟圓滿。」他陷入了似乎無解的困境，不知道該如何做。最終他想到一個辦法：割下自己的肉餵食老鷹。這樣一來，他既保護了鴿子的性命，也未奪走任何其他生命，這將是一份供養而非殺戮，不會讓老鷹造下惡業。然而，老鷹並未就此罷休。牠提出更嚴苛的條件：「大王，你自己割肉肯

佛經中的尸毗王，以身護鴿，展現慈悲與堅毅的極致試煉。

定會疼痛萬分，只會割一小塊，而這點分量遠不及鴿子的重量。這裡有一座天平，我會將鴿子放在一端，你必須放上等重的肉來替代牠。」尸毗王答應了。他開始割下自己的皮肉、甚至骨頭，放上天平。但不論他加了多少，天平始終無法平衡，鴿子依舊壓著不動。絕望之中，國王內心升起堅定的信念：「我歷經多世修行，始終未能得道，如今若再退縮，就再也無法解脫。」於是他下定決心，奮力舉身登上天平。就在此時，諸神現身，讚嘆他的無私與堅定。

每當我探訪監獄時，這些故事總在我腦海中迴盪。那裡的囚犯，失去了衣物、財富、親人、友誼、名譽、自尊，甚至對未來的希望。然而，正是這些囚犯啟發了我。他們不僅承受當下的困境，還能坦然接受自己的處境，成為他人心靈的依靠與慈悲的力量。在疫情期間，我遇見三位男士，他們曾過著安逸富足的生活，聰明而有成就。然而，他們都在中年遭遇重挫，失去了財富、名聲與朋友。一切過去擁有的，彷彿在風暴中灰飛煙滅，讓他們陷入絕望。就如同那些囚犯，他們熬過來了。在痛苦的黑暗中，他們發現了自身從未察覺的內在力量，學會誠實、勇敢地活在傷痛當下。無論是囚犯，還是歷經困頓的企業家，沒有人流露憤怒。相反地，他們對這段經歷所帶來的成長與洞察，充滿感激。他們學會了「失去」，也在失去的過程中，真正學會了「生活」。

這場新冠疫情，讓我們每個人都經歷了意想不到的挑戰。誰能預料，自己竟能在幾近隔絕的生活中堅持下來？面對染疫與死亡的風險，許多人失去工作與收入。我與太太面對她的晚期癌症預後，也曾如約伯一樣不斷追問：「怎麼會這樣？」「我們做錯了什麼？」「為什麼是她？」可憐的醫生在一次次被問後，只能無奈地回答：「這只是運氣不好，一個細胞出了錯、沒有正常分裂，然後就擴散開來了。」隨著病情惡化，每一天都變得沉重。那時，我感覺自己正如本生故事中的尸毗王一般，面對天神的考驗。我不禁反思：多年來所講授的佛法，究竟有多少已真正內化為生命的實踐？那一刻，我坐在床邊思索如何撐過接下來的日子。我的太太彷彿讀懂我的心思，握起我的手輕聲說：「我們可以做到的。」從那一刻起，我們不再哀嘆、也不再執著於追問「為什麼」。我們開始學習如何面對失去，並將生活的重心放在每天所該完成的事情上，不再追問「為什麼」，而是學會「怎麼走下去」。

我們都希望自己的行為是有意義的——能展現社會價值、獲得地位，並保障財富資源。我們相信，只要具備專業知識與正確方法，就能掌控事情的發展，甚至影響他人的行為。然而，有時我們會遭遇極致的考驗，可能是疾病、年老、死亡，抑或失去權力與成功的保障。這些經驗引導我們反思：佛教如何看待行為及其後果？佛教的四聖諦中的第一諦「苦諦」，提醒我們：苦是無法完全避免的生命經驗，每個人在某個階段都會面對，無論我們的行為多麼端正正直。例如，「三大信使」——疾病、老年與死亡——最終都會來訪，無一人能倖免。因此，問題從來不在於「為什麼會發生」，而在於「當它發生時，我們如何回應」。在某種程度上，我們似乎無法控制這些事件的發生。以新冠疫情為例，它突如其來，蔓延全球，並不是人類個別選擇的結果，而是一種擁有自身傳播機制與生存策略的病毒現象。我們不得不改變生活方式，動用最好的資源研發疫苗，並設法理解、適應它所帶來的新現實。

幾年前，我試圖做一件「正確的事」，卻以失敗收場。那件事發生在我最喜歡的城市之一——新墨西哥州聖塔菲。當時我走在街邊，一名女士打開她那輛外州車牌的SUV車門，竟將漢堡和奶昔的包裝紙、空杯子直接扔在街邊。這舉動令我震驚又憤怒，我無法視而不見，便走上前指責她亂丟垃圾。她試圖無視我，但我站在車門前，阻止她關門，激動地說：「妳必須把這些垃圾撿起來。」最終，她確實照做了，然後驅車離開。但當我轉過街角時，卻看到同樣的垃圾再次出現在路邊。她又一次將垃圾丟了出來。那一刻我意識到，我的憤怒不只沒有幫助，反而可能讓她帶著更多情緒離開。我反覆思索當時的情境，思考自己是否可以處理得更好，並問自己：我是不是做了一個「不善的善行」？是否真有這樣的情況存在？如果我當時走上前，說：「我知道旅行途中處理垃圾不太容易。我們都是遊客，顯然都喜歡這座城市。不如我幫你一起處理這些垃圾吧。」我無法確定她的反應會是什麼。但我猜，那樣或許會對她的行為產生不同的影響。

佛教對於行為的教義，隨著歷史與地域的不同而有所差異，有時甚至彼此矛盾，許多問題至今仍充滿爭議。例如：我在生活中的每一個行為，是否都完全受制於過去所造的業？是否存在某些自然事件，其發生並非源於我的個人行為？業力是否有可能被消除？還是說，一旦形成，果報就將永遠隨之而來？這些問題足以展開幾個小時的深入討論，而在一場短短幾十分鐘的演講中，我只能嘗試簡要地提出幾個核心問題來思考：究竟是什麼驅動我的行為？我是否習慣聽從內在那個批評的聲音行事？我是否常常遵循那個告訴我「該怎麼做」的內心指令？是否存在一個「評論者」在我心中與我對話？而那個評論者，是否也受到外界期待與社會規範的影響？是否真的有「不產生好結果，也不產生壞結果」的行為？在日常生活中，我又該如何面對憤怒與衝動的情緒反應？我們是否有可能真正避開佛教所說的三毒——貪、瞋、痴的毒害？

佛教教導我們：對待他人的方式，應從對待自己開始。換句話說，在我們準備對他人給予忠告或糾正之前，首先要回過頭來省視自己。如果我想對某人大喊：「你不該這樣做！」我是否也應反觀自身——我是否已經做到我要求別人做到的事？而當我學會這樣的反省之後，我又該如何與他人互動？對我而言，「教訓某人」這個詞，往往意味著「我將以懲罰與羞辱的方式指出他們的錯誤」。然而，是否有可能換個方式——若我們先對自己有所教導，就能將這份學習轉化為「分享」而非「指責」？在這一系列的講座中，我一直努力實踐這樣的精神：不僅僅是成為一個「擁有答案的教授」，而是成為一個透過分享真實經驗，與他人共同探索生命的人。

正如各位所見，我並不總是那麼成功，甚至常常發現自己在授課時，還是會不自覺地落入那些舊有、熟悉的行為模式中。我也試著讓自己從這些講座中受益。透過準備每一次的課程，我讓自己重新學習、深入體會這些主題，並努力尋找恰當的言辭，與大家分享我所理解到的內容。在這個過程中，我愈發清楚地意識到：每當心中升起一個念頭——無論是洞見，還是貪、瞋、痴之中任何一毒——那個念頭所攜帶的能量都會在大腦中流動，進而產生真實的影響。

我們每個人的行為都極為重要。我們說出的每一句話、心中生起的每一個念頭、身體所做的每一個動作，都是一種造作，都是在累積業力，對自己與他人都會留下深遠的影響。若我們欺騙自己、不去面對心中真實的念頭，那麼這些妄念與困惑便會荼毒我們，並透過我們傳遞給他人。因此，我們必須學會覺察，並以慈悲對待自己與他人。我們必須學會如何面對自己的挫折，也要在看見他人失落時，懂得如何回應與陪伴。

我的鄰居家有一位小男孩，經常在我散步經過時給我帶來啟發。就在我寫這篇演講稿時，他告訴我：「我去海灘的時候，一個大浪把我捲到水裡了。」見我露出擔憂的表情，他立刻補充說：「別擔心，我重新站起來了！」

這段對話所帶來的啟發，或許不亞於這整個系列講座所要傳達的訊息。對我而言，這正是我在生命旅途中所渴望實踐的事：無論遭遇多少挫折，都能夠重新站起來；並謹記我太太曾對我說過的話——「我們可以做到的」。

我的小鄰居與我分享他的智慧：「海浪把我擊倒了，但別擔心，我又站起來了。

第十講　自我

這是關於佛教思想如何應用於當代世界的最後一場月度講座。這個系列講座的目標是以我們今日對人類經驗的理解為基礎，探討佛法教義在當代的意義。這也意味著，我們必須超越傳統對佛教僅局限於印度歷史語境的研究視角。我認為，佛教許多教義與當今世界的連結，唯有透過我們對人類大腦及其運作方式的現有認識進行對照與比較，才能更清楚地顯現出來。為了延續這樣的討論方向，本次講座我選擇聚焦在佛教中一項既核心又具爭議性的教義：沒有一個永恆不變的「我」存在。由於時間有限，我將僅就自我主體——「我」的本質——提出一個基本問題：身體、言語和意念的行為，是如何產生的？

這個問題的關鍵，在於釐清是否存在一個自我意識能夠主導行動的機制。在探討這個問題之前，讓我先與各位分享：究竟是誰對佛教產生興趣？又是基於什麼樣的原因？

我第一次接觸佛教的時候，正值「垮掉的一代」（Beat Generation）的時代，也就是第二次世界大戰結束之後。當時，有一群年輕人自稱為「垮掉的一代」，他們對人為所造成的毀滅性戰爭，及其所帶來的巨大創傷與破壞，心中充滿苦痛。那時的美國，有許多曾在軍中服役的人，當中許多人原本懷抱著勇氣與理想。一九四〇年代末，我剛上大學，那時的我年輕而懵懂，身邊有許多被稱為「退伍軍人」的同學，他們是透過退伍軍人就學補助，進入大學就讀。其中有些人受到現在所謂「創傷後壓力症候群」的影響，但很少有人得到心理支持，以重新適應並回歸平民的生活。他們確實感到「垮掉」。

對於一部分自稱「垮掉的一代」的人來說，佛教引起了他們的興趣，但那並非過去既有形式的佛教。這群「垮掉的一代」的佛教徒，在歷經戰爭的恐怖後，內心飽受創傷，質疑生命的意義，試圖擺脫內在的困境，而佛教中關於「空性」的教義，正與他們的感受產生共鳴。他們認為，「空性」意味著對一切規則與秩序的拒斥，是一種能夠脫離文化規範與社會控制的解脫，有助於追求真正的自由。

對他們而言，社會制度並無法阻止戰爭的發生，因此擺脫束縛所帶來的自由，正是「空性」的實踐目標。當社會機制崩解時，唯一的出路似乎只剩下個體與高度的自我意識。就這樣，佛教在這種對自主性的極端渴求之下，在美國社會中找到立足之地——這，無疑帶有一絲諷刺意味。

我也親身見證過佛教在韓國另一種形式的自我實現。韓國曾在一九五〇年至一九五三年間，成為美國、蘇聯與中國冷戰角力下的主要戰場，衝突一度升高為全面戰爭。一九六九年我首次造訪韓國時，國家仍處於戰後重建階段，戰爭留下的痕跡幾乎遍及整個半島。但那趟旅程卻讓我大為驚喜。出發前，我在加州大學

正念能培養韌性，幫助我們從失敗中汲取智慧，成功時也不忘自省。

柏克萊分校的圖書館裡，只找到三本關於韓國佛教的書，且內容大多負面評價。其中兩本是由基督教傳教士以英文撰寫，另一本則出自日據時期一位日本官員之手，書中皆帶有強烈的偏見。然而當我親臨韓國南部時，眼前的景象完全不同於這些書籍的描述。我原以為會看到殘破衰頹、被時代遺忘的佛教遺跡，卻意外發現一個充滿活力的僧團社群，更驚喜的是，許多年輕僧人是在進入大學之後，才選擇投入出家修行的行列。

這引起了我的好奇心，於是我開始與這個僧團社群互動、訪談。我常問的一個問題是：「是什麼樣的因素促使你選擇這條修行之路？」我也同樣詢問在加州大學柏克萊分校修讀我課程的學生：「是什麼原因吸引你選修這門課？」結果令我驚訝——無論是韓國的修行僧侶，還是柏克萊的學生，幾乎有一半的人都提到，他們曾讀過德國小說家赫曼·赫塞（Hermann Hesse）所著的《悉達多》（*Siddhartha*），並深受啟發。赫塞或許未能準確描寫釋迦牟尼佛的一生，但他卻極為精準地捕捉了一位年輕人尋找自我、體驗情感的旅程，並以極具感染力的方式呈現出來。至今，《悉達多》仍是許多年輕人在面對人生關卡時，最愛閱讀、也最具啟發性的著作之一。就像「垮掉的一代」一樣，這些《悉達多》的讀者並不是為了解決「我是否存在」這類哲學問題而接觸佛教，而是將佛教視為實現更強烈自我認同的途徑。

自二十世紀下半葉以來，人們對「我」的本質與主體經驗的理解產生了重大轉變。特別是在神經科學領域，對大腦運作的認識取得突破，進而挑戰了傳統上關於「自我」與「自由意志」的觀念。其中，最早質疑自我概念核心的科學證據之一，來自神經科學家班傑明．利貝特（Benjamin Libet）的研究。他發現，在人們實際做出某個動作之前，大腦便已出現相關的神經活動；但這些活動並非由「我」有意識地主導思考所引發。在行動真正發生的前一刻，活躍的大腦區域主要集中在邊緣系統，而這部分不涉及意識思考。

讓我用自己的生活經驗來說明這一點。有一次，我讀到一項研究，內容讓我感到既驚訝又困惑。研究人員聲稱，他們能夠辨識出「來自美國南部、擁有英格蘭與蘇格蘭血統的大學生」。他們設計了一個精密的實驗，要求參加期末考試的學生，在進入考場前先測量一次血壓，考試進行二十分鐘後再量一次。但其中一半的學生，在進入考場前的走廊上，會被一名壯漢故意粗暴推開，並且遭到辱罵。當考試進行二十分鐘後再測量血壓時，研究發現：那些被壯漢推開、即便過了二十分鐘血壓仍然偏高的學生，大多來自美國南部，並具有英格蘭或蘇格蘭血統。相比之下，來自其他地區和不同文化背景的學生，雖然也經歷了類似的情境，卻能較快恢復平靜，血壓也已趨於正常。這樣的實驗結果，經過多次重複，依然一致。

這項研究的結論認為，那些血壓反應特別強烈的人，所承襲的文化背景，可追溯至蘇格蘭牧民的生活方式——一種極為重視榮譽與尊嚴的文化習俗。讀到這裡，我的內心瞬間產生強烈共鳴。這不正是我的背景嗎？我在美國維吉尼亞州長大，祖先正是來自英格蘭與蘇格蘭。那一刻，我恍然大悟：這或許能解釋，為什麼我常會因他人的無禮或冒犯感到困擾。多年來，我一直在問自己：「為什麼我這麼容易『感覺被冒犯』？」「為什麼遭受他人的憤怒或不尊重，我會如此不舒服？」根據這項研究，我開始理解，也許我的這些反應並不是來自有意識的思考，而是出自大腦邊緣系統——那裡仍承載著來自數百年前的文化記憶，並可能已深植於我的基因結構之中。

另一項研究讓我進一步了解自己。大腦中有一個區域叫作「杏仁核」，它負責處理與恐懼及強烈刺激相關的情緒記憶。研究發現，相較於鄉村居民，城市居民的杏仁核往往更大。這對我來說起初難以理解。但以我自己為例——我在寧靜的農場長大，幾乎沒有經歷什麼恐懼的時刻，因此這樣的成長環境可能使得我的邊緣系統對危險的反應，比起長年生活在曼哈頓的人更慢一些。這類例子讓我們反思：我們常以為自己是依據「自由意志」行動的自主個體，但事實未必如此。行動的啟動，實際上往往先發生在大腦的邊緣系統，意識思考則是在之後才介入。舉個例子，我打網球時，常會對自己說：「球來了，準備好——現在擊球！」乍看之下，這似乎是一個有意識的「我」在主導身體的動作，引導手臂以特定方式回擊來球。然而，根據神經科學的研究，實際情況是——就在那毫秒之間，我的邊緣系統早已發出指令，讓手臂開始移動；而這一切的發生，都早於任何意識思考。換句話說，如果我非得等到意識下達命令才能開始揮拍，那我根本來不及擊球。在日常生活中，我們也能觀察到類似情況。比如在高速公路上，若前方車輛突然煞車或偏移，如果我要等意識告訴我「快剎車」，那可能就太晚了。幸好，在我意識到狀況之前，身體已經做出了反應，動作早已啟動。

我分享這些觀察，是想說明神經科學的研究正支持佛教的一項重要主張——我們無法在大腦中找到一個單一、自主的「我」，來啟動一切行動。相反地，研究提供了強而有力的證據：我們的行為是許多複雜因素交互作用的結果，而這些因素大多在意識之外發揮作用。因此，認為「我的自我意識主導了這個行為」的想法，其實是錯誤的。神經科學顯示，我們或許會以為自己在意識下完成了網球回擊、緊急剎車、或回應他人的羞辱，但實際上並不是這樣。我想起我的物理治療師曾對我說的一句話：「你不能靠思考來保持平衡。」這句話讓我印象深刻。雖然我總以為，當即將撞上另一輛車時，是自己意識到危險而踩下剎車，但研究告訴我們：意識思考對生存而言太慢了，無法應對即時危機。因此，我對那一刻的主觀經驗，其實是一種錯覺。現在回頭來看，我所經歷的「我在第一時間下達指令、啟動行動」的感覺，其實是在行動早已發生之後，才在腦中形成的概念。

關於行動起源的這類證據，一直是美國史丹佛大學羅伯特・薩波斯基教授（Robert Sapolsky）研究的核心。他數十年來專注於大腦運作的研究，提出了令人信服的觀點：人類的行動與情緒，主要取決於大腦中的化學反應，而非由意識所主導。他強調，在他的研究

「平衡不能靠思考」——這句話讓我意識到，許多行動往往在我們未加思考前，自然而然地發生。

中，沒有任何證據支持「自由意志」或「意識能夠啟動行為」的說法。這些發現進一步促使他思考一個重要問題：既然行動不由意識主導，那麼「行為的責任」應由誰來承擔？他指出，依照目前的司法制度，法院是根據一個人是否具有分辨是非的能力來作出裁決，而這樣的判斷會直接影響對施暴者的量刑。這種責任歸屬的法律分析框架，實際上可以追溯到十九世紀四〇年代的一個案例。

那麼，法律是否反映了我們對大腦與行為的最新認知？如果行為源自於無法受意識控制的大腦邊緣區域，那麼我們究竟該譴責誰？薩波斯基教授進一步檢視我們目前的刑法與懲處制度，並呼籲進行全面性的司法改革。他批評，將成千上萬的人以監禁的方式處理，就像把一輛煞車故障的汽車鎖進車庫，認為這樣就算「懲罰」了車子本身的缺陷，卻從不真正處理問題的源頭。他主張，若我們可以找到方法，幫助人們克服導致他們無法維持誠信與正直行為的根本原因，那這樣的「解決方案」也應該納入司法體系，而不是僅僅以數十年的監禁作為懲罰，卻從未嘗試對個人的行為根源加以修正。

那麼，佛教教義與這些神經科學的研究有何相似之處呢？佛教徒對「念頭」有著細緻而有效的觀察。他們指出，有些念頭是感官訊息的產物，來自於視覺、聽覺、味覺等感官經驗；但也觀察到，有些念頭則是內在自發的，並非來自外界的刺激或輸入。在印度哲學文獻中，有一個與此觀察密切相關的術語：「**Kalpanāpōdha**」（漢譯為「離分別」），意思是「無概念的感知」。想像一個情境：我們尚未意識到要踩剎車之前，大腦早已發出動作指令，讓腳立即作出了反應。在那個意識尚未介入的剎那，真正發生的，是「感知」本身。我們的身體立刻對這個感知作出反應，而不是等到較為緩慢的意識思惟過程完成判斷後才行動。這就說明了，有些行動並不是經由意識思考所產生的結果。

「**Kalpanapodha**」這個梵文複合詞，表達了佛教長久以來的立場——我們的覺知中，確實存在一種非概念性、非語言化的感知層次。這一點，與薩波斯基教授所提出的觀點不謀而合——他認為行動並非起始於意識思惟。佛教思想家也早已指出，我們對「我」的認識，也就是對人格特質與主體感的建構，其實只是在心智對感知輸入進行處理之後，才逐步形成的。而在這個過程尚未展開之前，由感知所驅動的行動早已開始，並未經過自我意識的判斷或控制。

那麼，意識思惟的目的或好處是什麼？

關於行動的起源，加拿大麥基爾大學默什・史扎夫教授（Moshe Szyf）提出了一個略為不同的觀點。他指出，隨著時間推移，即使是大腦中參與行動的區域，也會受到經驗的影響而產生改變。因此，我們不禁要問：「意識思惟究竟有什麼好處？」畢竟，如果它毫無意義，那為什麼我們會演化出這樣的能力？自然界並不會保留對生存無益的特徵。

佛教與神經科學皆認為，某些行為源於超越概念的直接覺知。

佛教教義認為，一切行為（業），都是在無數條件同時成熟時所產生的結果。這意味著，在我們說出一句話、心中浮現一個念頭、或身體移動的當下，那些促成這些行為的內在條件已經具足，才促使行動發生。從這個角度來看，意識思惟的一項重要功能是「預先模擬行動」，它讓我們得以在行動尚未發生之前，預想可能的情境與後果。

這就如同飛行員訓練時，會先在模擬器中進行操作練習——模擬飛行在訓練上的效果，幾乎與實際飛行相當。又如運動員透過反覆想像身體如何移動，來強化實際表現。奧運跳水選手會在腦中一遍又一遍地預演完美跳水的姿勢與節奏，以提高分數。同樣地，當你即將參加一場面試，預先想像成功的情境，不僅能提升信心，也有助於實際表現。

我曾見過西藏修行者在修行過程中，透過觀想來轉化身心。在南傳佛教的修行中，行者練習「觀想」自己充滿慈愛，可以影響未來形成的行為。這或許就是意識思惟改變神經與生理機制的一個實例。如果真是如此，那麼我們就有必要更謹慎地看待電腦遊戲與影視媒體中所呈現的暴力內容。這也帶出一個值得深思的問題：當媒體反覆視覺化暴力、自殺、或憤怒情緒時，是否可能導致觀眾未來出現破壞性的行為？對此，常見的觀點有兩種。一是我們相信，即便接觸到負面影像，大腦也能透過認知「這些並非真實事件」來保護我們的心理狀態。另一種觀點則認為，若這些影像與念頭會對大腦結構產生長期影響，那麼我們所選擇觀看、聆聽的內容就變得至關重要。

從我對二〇一〇年至二〇二〇年代文化與社會發展的觀察來看，神經科學資料並未提供任何證據，來證實自由意志的存在，或說明意識思惟能自主啟動行動。儘管這樣的觀點在許多方面與古代佛教教義相通，但我們也需要問：這種見解是否能夠被出生於二十世紀與二十一世紀的人們所接受？它能否為那些重視「完整自我意識」的人所認同？一種否定「我」為獨立、恆常實體的教義，在今日這個高度強調個人主義、自由意志與個體權利的時代，究竟能扮演什麼樣的角色？在這樣的文化與心理學氛圍下，我們或許必須更認真地面對這個課題。

第肆章

回應世界的挑戰

第十一講　欲望

有位長期參與我系列講座的朋友問我：在當前眾多的社會議題與全球危機之下，我為何選擇談論「欲望」這個主題？

我尚未給他答覆，我想藉由今天講座的開場，試著回應這個提問。

我認為，欲望，特別是成癮性的欲望，已經在多個層面成為當代社會的主導問題。它導致了成千上萬人的死亡，甚至超過美國在新冠疫情期間因病毒而喪生的人數。這些死亡案例，絕大多數與酒精、菸草、處方類鴉片，以及藥物濫用所引發的「成癮性欲望」有關。而每一個死亡事件背後，往往牽動著一個家庭，甚至一整個社區所共同承受的痛苦與困境。

對化學物質的依賴，是「欲望」的一種主要形式，它長期潛伏在我們的生活周遭。對佛教而言，如何看待並回應這個問題，至關重要。這也是我選擇以「欲望」作為演講主題的原因之一。

在這個系列講座中，我們多次提到佛教的一個核心教義：萬物皆無固定不變的本質。當探討與「欲望」相關的議題時，這一觀點格外重要。從佛教的經典中，我們很容易得出一種結論：欲望總是負面的。確實，人類的「渴求」或「欲望」往往呈現出一種永無止盡、難以滿足的面貌。因此，我們會努力去斷除那些可能導致上癮的事物。

但也有例外——當人們面對無法承受的劇痛時，哪怕是鴉片類藥物，也可能是一種慈悲的恩典。這一點，我有切身的體會。我的太太在癌症晚期承受了極大的痛苦，若沒有嗎啡與美沙酮的協助，我實在無法想像她的處境會有多難以忍受。然而，這類原本能緩解疼痛的物質，一旦與貪婪、憎恨、愚痴這三毒混合，便可能產生具毀滅性的影響。

我自己也曾深受欲望的束縛，而我個人的例子，就是對香菸的成癮。我從青少年時期就開始抽菸。對當時的我來說，這種看起來成熟、有「大人樣子」的行為讓人興奮——抽菸讓我覺得自己更像個男人，而不再只是個男孩。但隨著時間推移，我開始出現慢性咳嗽，肺部積痰的狀況也越來越嚴重。儘管身體已經發出警訊，我卻仍然無法擺脫這個根深蒂固的習慣。

佛教對這類行為模式，有一個極佳的比喻：有些人即使看見蔚藍大海的壯麗與浪濤拍岸的景象，卻仍選擇轉身，凝視牛蹄印坑中的渾濁泥水。這正貼切地形容了我當時的狀態。

高中時期我打籃球，很清楚維持良好肺活量對體能有多重要，但我卻背離了這樣的認知，選擇了抽菸。結果不但體力下滑，連氧氣攝取也受到影響。那時的我，追求的是抽菸帶來的快感，而不是一個健康、完整的身體機能。

回顧過去，我完全理解佛教那個比喻的深意：我所渴求的，其實正是牛蹄印裡的渾水——來自尼古丁的短暫快感，而不是健全的體魄與真正的幸福。雖然我已經戒菸將近六十年，但肺部仍留下損傷，也因此在新冠疫情期間面臨更高的健康風險。

佛教修行者深知，成癮性的欲望極難克服。大腦會對腎上腺素的激增產生強烈反應，使這種渴求凌駕於其他行為之上，成為一切行動的主導。那麼，我們要如何重塑大腦，打破這種對特定感官經驗的致命渴求呢？

在佛教中，有一種獨特的禪修方式，專為那些難以擺脫身體欲望的修行者所設計。這種修行會在野外、未經掩埋的屍體旁進行——那些屍體可能正處於腐爛階段，或被鳥獸撕裂得支離破碎。修行者要在這具逐漸分解的屍體旁靜坐，全神貫注地觀察它腐敗過程中的一切變化。

這個修行的目的，是要讓行者不斷提醒自己：「我這具身體，終將與眼前這具屍體無異。即使是最美麗的身體，也難逃腐朽的命運。」因此，當對身體生起欲望時，要記住這一刻的經驗，與心中油然而生的厭惡感。

這種禪修方式，某種程度上可與現代心理學於一九三〇年代發展出的「厭惡療法」相提並論。當時，治療酗酒的方法之一，是讓患者服用某種藥物，使其在喝下一口酒後立即產生噁心與嘔吐。這種不適感逐漸與飲酒行為產生連結，使酒精不再帶來快感，而是令人抗拒的經驗。久而久之，對酒的渴求便會逐漸減弱甚至消失。

在抽菸將近十年後，我開始嘗試戒菸。但到了那個時候，這件事早已超出了我的自制力範圍——我總是戒了又抽，不斷地重新拾起香菸。

直到某一次，「厭惡」這個概念給了我新的啟發。我開始思考，是否能藉由讓自己對抽菸產生排斥，來擺脫對香菸的依賴。由於我只抽香菸，且對煙斗並不喜愛，我便立下了一個誓言：徹底戒除香菸，只允許自己抽煙斗。這個過程極其不愉快——煙斗的味道令我反感，但也正因如此，幾天後我終於成功戒除了香菸。然而，菸癮並未就此完全根除。在後來的數年裡，它依然時不時浮現。譬如，在晚餐過後，當有人點燃香菸時，我仍會突然生起一股強烈的渴望，想抽上一根。

尼古丁所引發的欲望雖然強烈，但與其它更具成癮性的物質相比，仍屬次之。也正因為我親身體會過戒菸的困難，所以我對那些深陷化學物質成癮的人，始終抱持著深切的同理與理解。

除了「厭惡」這種方式，佛教經典中還記載了一種名為「替代」的修行方法。

故事的主角是一位名叫難陀的年輕男子，出身佛陀的家族。他對女性極為著迷，無法專心修行。佛陀看見他經常被一群年輕貌美的女子圍繞，便設法轉移他的注意力——讓他見識天女的風采。

那些天女的美麗與完美，遠勝於人間的女子。當難陀看見她們後，便立刻放下了對原先愛慕對象的執著。甚至，當他再見到更高層天界的天女時，先前那位已讓他著迷的天女，在比較之下也變得黯然失色，不再吸引他。

這個故事說明，每當我們對某個對象產生欲望時，總有另一個「更好」的選項出現，那麼我們便會逐漸意識到：自己渴求之物的價值，其實是相對的，並且會不斷遞減。若總有更優越的存在，對任何特定對象的忠誠就很難持久。

我們在今日的生活中，也面臨許多類似的情境。以手機為例，這是一項令人嚮往、極具吸引力的物品；然而隔年，更先進、更具話題性的機型又會問世，前一代的手機很快便失去原有的魅力。有些年輕人看到我還在使用 iPhone 6，眼神中流露出的同情早已不言而喻。

如今，年輕世代爭相排隊搶購最新機型，迫不及待地想淘汰去年的手機。這種不斷汰舊換新的欲望循環，不僅削弱了我們對「新事物」的興奮感，也間接教會我們一個重要的道理：沒有任何一款手機，具備成為「最完美手機」的本質。

每一年，那些我們曾經夢寐以求的事物，價值都會在心中慢慢下降。既然欲望總會被新對象所取代，那麼，我們究竟要等到什麼時候，才會真正領悟「欲望背後的幻象」？

然而，如果欲望本身沒有固定不變的本質，那麼，它是否也能在生活中展現出某些積極的面向？佛教經典指出：懷抱適當的欲望，是被允許的。

例如，「般若波羅蜜多」諸經中描述了一位名為法涌的偉大老師。他是一位菩薩，尚未成佛，也非阿羅漢，以教導諸法實相聞名。每天午後，城中的民眾會聚集起來，聆聽他的開示。據說，每天上午，他會與家人朋友一同品嚐美食、唱歌、跳舞，盡情享受當下的喜樂；而到了午後，他便放下這一切，前往城市中心，在大眾環繞之下盤腿而坐，進入深深的禪定。待他出定之後，便開始教導眾生，弘揚佛法。

經文的另一章節也提到，菩薩可以擁有豐厚的財富與富足的生活；但真正的智慧，在於能夠體驗這些，卻不被安逸與奢華所綁縛。就如同法涌菩薩，他能自在地放下世間樂趣，毫無遺憾與猶豫。

在準備這次演講、尋找靈感的過程中，我回想起早前一場談論「放下」的講座，也許你曾聆聽過。在那場講座中，我提到了一部令我深受啟發的紀錄片——《我的章魚老師》（*My Octopus Teacher*）。章魚有時會緊緊抓住眼前的東西，有時卻又能毫不遲疑地放手。它是多麼奇妙的老師啊！我當時心想：這回，我又該到哪裡去尋找這樣的導師，來幫助我深入探索「欲望」這個主題呢？

我的日常活動範圍相當有限，網路成了我接觸世界的主要橋梁。不過，我每天仍會依循同一條路線散步。我的步行路線局限在我所居住的小區——這個社區四周被兩條主要高速公路圍繞，而這兩條道路皆未設置人行道。因此，我總是繞著鄰里的短街走一圈。

由於對每一棟房子都已熟悉，也認識不少住戶，甚至連他們的車子我都認得，所以，散步過程中鮮少會有令人驚喜的事情發生。

幾天前，我正準備出門散步，心裡暗自想著：今天我要在路上尋找一位老師，來幫助我解答關於「欲望」這個主題的疑問。

一開始，路上的景物沒有什麼變化，也沒有任何事物吸引我的目光，我感到有些失望，彷彿沒有哪位老師在等著我。正當我這麼想的時候，我的目光停留在一樣讓我失望了好幾週的東西上。我原本想迅速移開視線，轉而觀察別處，卻又忍不住繼續凝視著它——那個讓我百感交集的對象。

讓我來說說它的故事吧。

初夏時，我的鄰居在靠近街道的地方種下一顆種子，並在旁邊插上了種子包裝上的標籤，用以辨識這株植物。那是一顆西瓜種子。我看到時感到非常開心，因為能夠再一次親眼見證西瓜的成長過程，對我來說，是一件值得期待的事。

我對這株西瓜的期待，或許正反映出疫情期間我們的生活是多麼的受限。每天，我都會花時間觀察它的生長。當它開花時，我無比興奮；但接著，一朵又一朵的花兒相繼凋零，卻始終沒有結出任何果實，這讓我實在難掩失落。

然而，就在某一天，一個驚喜悄然出現——我發現枝枒上冒出了一顆小西瓜。原來，其中一朵花，終於結出了果實。

隨著日子一天天過去，那顆小西瓜逐漸長大，但它的模樣卻有些奇怪。它看起來不像我所熟悉的任何一種西瓜，我心想：難道這是某種新的雜交品種？

然而，隨著這顆「西瓜」越長越大，外型也變得越來越奇特。有一天，我站在那裡，凝視著它，試圖弄清楚究竟發生了什麼事。直到那一刻我才驚覺——這根本不是我所期待的西瓜，而是一顆南瓜！

我心裡納悶著：誰會想要一顆南瓜，來取代那原本應該甜美多汁的西瓜呢？難道，今天來教導我關於「欲望」的老師，竟會是這顆平凡、不受歡迎，陰錯陽差混進西瓜種子包裡的南瓜嗎？

我一向喜歡與植物對話，常與黃玫瑰交談，讚嘆石榴花的嬌美，甚至對散步途中遇見的一株高大的柱狀仙人掌也懷抱敬意。但——南瓜？我站在那裡，心想：「嗯……不怎麼受歡迎的南瓜，你真的會是我的老師嗎？」

就在我凝視它的那一刻，我第一次意識到，這顆深綠色、帶有淡紅色條紋的南瓜，其實非常美麗。它讓我想起日本藝術家草間彌生（Yayoi Kusama）筆下的南瓜雕塑——那是她眼中南瓜的藝術之美。

於是，我對那顆南瓜說道：「其實，你真的很美。但你，畢竟不是一顆西瓜。那麼，你想傳遞給我什麼訊息呢？」

南瓜對我說：

我雖然不是你所渴望的，但我也有我的存在價值。或許，你真正該思考的，是我的本質，而不是你原本的期待。

我耐放、用途廣。當白晝漸短、黑夜提前降臨時，你可以在我身上刻出一張狂野的面孔，點上一根蠟燭，讓我的五官在夜色中閃爍微光。

在那些幽魂甦醒、徘徊人間的夜晚，我成為了一位守護者。來自過去的幽魂——那些令人痛苦的記憶、悲傷的根源——將被我散發的光芒驅趕。而對於你所珍惜的回憶，我會點亮一道溫柔的光，引導你再次找到它們。

孩子們會追隨我的光芒，來到門前，然後收到一份禮物。等到冬季來臨，當你慶祝生命、感恩歲月的豐饒時，我還能變身為一份南瓜派，成為你的一部分。

經過這番思索，我開始意識到，每個人對生活都有自己渴望的模樣。我們希望伴侶符合我們的想像——聰明、可靠、富有責任感；我們盼望孩子才華洋溢、備受讚賞；我們期待在工作上獲得尊重與財富。

但當現實與期望之間出現落差時，失望便悄然而至。比如，當別人遞給我們的是一顆南瓜，而不是我們一心期待的西瓜，我們該如何面對？當孩子陷入掙扎、需要幫助時，我們該怎麼做？當工作要求嚴苛，回報卻不如預期時，我們該如何調適？當伴侶的心思始終放在自己的欲望上，而非我們的期待時，我們又該如何應對？

面對這顆「南瓜」，我們真的能心滿意足嗎？

究竟，是什麼讓「欲望」成為問題？

當欲望與「貪、瞋、痴」三毒結合時，它就會變得危險。即使我們的欲望只是針對自己已擁有的事物，不貪求更多或他物，這樣看似正向的狀態，其實仍潛藏著陰影。舉例來說，我們可能會依戀一種熟悉而舒適的感覺，並為此感到滿足。然而現實是，一切都在變化，我們無法阻止這個過程——無法將任何事物固定在某個永恆的時刻。當我們試圖抓住那稍縱即逝的滿足時，「貪」便悄然浮現；而當這份滿足不可避免地流失，「瞋」就會跟著生起。我們渴望一切恢復原狀、回到從前的模樣——即使那樣的期待，其實只是痴心妄想。

起初，我看著那株南瓜植株時，一心堅信它是西瓜，卻遲遲不願面對現實。

它的葉形與西瓜不同，花朵也不太一樣，連小瓜的形狀與顏色都對不上。儘管如此，有一段時間，我仍陷在「這就是西瓜」的錯覺裡。

滿足感也經常如此。當我對自己的生活感到滿意時，眼中所見的，往往就是我渴望的「西瓜」模樣，因此會不自覺地忽略那些與之不符的跡象。隨著現實的變化與覺察的到來，反而讓我生起憤怒與失望。我不再能看見事物任何光明的面向，也難以在嶄新的當下感受到喜悅。

變老，是一種深刻的挑戰。我曾經認為，五十歲是一個非常美好的年紀；但當年齡漸漸逼近九十，生活出現了一些變化，這些變化讓我發現，如今的日子比四十年前更具挑戰性。我變得更容易對變化感到不滿，更容易否認變化的存在——我開始忽略體力的下降、行動上的不便、疲勞後恢復的遲緩、皺紋的浮現。這一切似乎是在不知不覺中，毫無預警地降臨到我身上。

透過觀察自己對衰老的反應，我逐漸理解，那些與我一同生活在這個變動不居世界中的人們所面對的處境。我也理解，那種不願接受現狀改變的心情——那是一種可能引發強烈憤怒的情境，也是一種讓人對新事物產生恐懼的狀態。

難怪我們會反覆追憶過往，感嘆那些曾經的擁有。而讓人感到絕望的是，過去我們視為「黃金時代」的時光，如今正在悄然被侵蝕；我們也彷彿註定，要走入一個越來越難以如願的未來。

我們曾經擁有一顆西瓜——或者，至少我們曾經以為那是一顆西瓜。那麼，未來呢？未來會是我們的南瓜嗎？我們是否對正在發生的一切，失去了渴望與關注？我們可以問問自己：

如果此刻，以及未來呈現的，是一顆南瓜——

我是否有勇氣，不帶偏見地凝視它？

我是否看得見，那隱約閃耀的光芒？

我是否能認識，自己所擁有的價值？

我是否終將學會，珍視這顆屬於自己的南瓜？

生活常常如此——
渴望甜美的西瓜，卻得到樸實的南瓜。學會欣賞南瓜，便能體會到真正的滿足與幸福。

第十二講　種族主義

一位研究納粹德國信仰與行為的學者指出，納粹的世界觀將人類劃分為兩類：一類被視為次等、違反自然、智力受限，其行為超出了道德規範；另一類則是雅利安人——也就是所謂的「白人」——被視為超人。在這樣的體系中，正如該學者所言，已經沒有「其他空間」留給「人類」了。

令人難以置信的是，直到今日，我們仍糾纏於種族優越的迷思，甚至相信種族差異可以合理地將人與人之間分隔開來。很難想像，我們國家正面臨剝奪「人類空間」的真實危機。街頭因「黑人的命也是命」所引發的騷亂，是一個令人不安的警訊——它提醒我們，一旦將某些人排除在道德與倫理體系之外，後果將是災難性的。

我是少數曾結識為奴者的人。在我的童年記憶裡，有位我們稱為「湯姆叔叔」的老人，住在路旁一間簡陋的小木屋裡。因為我們的農場分為兩塊地，每當夏日我們前往較遠的田地工作時，我和哥哥都會經過他家。他便是在那間木屋中出生的。母親是奴隸，而他也因此承襲了這樣的命運。我年幼時，他已雙目失明，但聽力極好，總能憑腳步聲辨識出我和哥哥。

我很遺憾，當時還不懂得他的特殊重要性。他經歷了一個曾經主宰一切的制度，但他所記得的那段歷史卻沒有引起我們的關注。那些記憶被封存在他沉默的腦海中，未曾被傾聽。我常想，他在生命最後的歲月裡，坐在門廊上，抽著自製的玉米芯煙斗時，究竟在思索些什麼。如今，我唯一能做的，就是將他牢記在我的記憶中，並不斷警惕自己，抵制內心深處任何潛藏的種族歧視傾向。

我五歲的時候，有個玩伴告訴我，黑人是髒的，凡是他們碰過的東西，「我們」白人都不應該再碰。我聽了十分吃驚，腦中立刻浮現出一個人——黛西。她是我熟識的人，總是那麼溫和，會安慰別人，也經常幫忙準備飯菜。想到她，我很清楚，那個男孩說的是錯的：她一點也不髒。在童年時期，我便拒絕了這種歧視的態度，直到今天，我依然感激黛西，是她讓我明白：她和我們每個人一樣，都是人，一個平凡的人。

我很喜歡湯姆叔叔能從腳步聲認出我，即使他從未親眼見過我。美國小說家馬克・吐溫曾說過一句耐人尋味的話：「我們需要一次又一次地被教導如何做人。」這句話發人深省。在他的經典小說《湯姆歷險記》（*The Adventures of Tom Sawyer*）中，兩名逃亡者沿著密西西比河航行。其中一人是吉姆——一個為擺脫奴隸身份而逃的黑人。湯姆聽見吉姆在為自己被賣掉的妻子與孩子哭泣，心

想到善良且樂於助人的黛西，我便知道那男孩的看法錯誤。

想：真奇怪，黑人對家人的感情，竟和白人一樣。就在那一刻，他明白了：吉姆是個人，他和自己一樣都是人。湯姆過去所相信的——奴隸對家人沒有感情——被動搖，最終瓦解。

想到這裡，我感到由衷的謙卑。我家族中的婚姻與伴侶關係，如今包括了非裔美國人、日本人、猶太人、拉丁裔、同性戀者，還有來自愛爾蘭的親人。我喜歡追溯家族的根源，發現我們的祖先來自英格蘭、蘇格蘭、荷蘭、德國和法國。我的家庭融合了各種種族與血統，他們一次又一次地教導我如何成為一個更好的人。而我所能做的，就是懷抱感恩地活著，以自己的方式回應這份深遠的教誨。

第十三講　疫情時代的佛教

新冠肺炎（COVID-19）病毒來勢洶洶，短短幾週內，便從地區性的流行病（epidemic）演變為全球性的大流行（pandemic）。這種快速的傳播，提醒我們正視當代生活的一個重要事實：我們如今搭乘飛機，從大城市到最偏遠的島嶼只需數小時；而過去這樣的距離可能需要數週的航程。自疫情爆發以來，人們生活的面貌發生了巨大的轉變——幾乎每個層面都受到影響，包括教育、人際關係、工作，以及對未來的規劃。我們每個人都面臨著全新的處境。然而，從許多方面來看，我們的社會並未作好應對重大動盪的準備，例如：全球大流行、可能與氣候變遷相關的極端天氣，以及前所未有的財富分配不均。

令我驚訝的是，撰寫關於疫情的內容竟如此困難。疫情似乎已成為遙遠的歷史，而我們的焦點早已轉向未來，也就是後疫情時代。我一度考慮將這部分內容從書中刪除，甚至想捨棄疫情高峰期間發表的講座內容。然而，就在這時，我確診了新冠肺炎，第一次親身經歷了病毒的威力。我應該是在一趟前往台灣的旅程中感染了病毒。雖然有些人症狀輕微，但我卻沒那麼幸運，病毒的威力在我身上肆虐了近一個月。顯然，新冠疫情並未消失，因此我決定保留這個講題。

這場大流行並非人類歷史上前所未有的現象。我們從最早的歷史紀錄中就已得知，疾病往往會打破常態，導致社會與文化的重組。十四世紀的黑死病（即腺鼠疫）至今仍保持最高致死率的紀錄。我們不應對大流行的出現感到驚訝，因為它們是歷史上常見的現象，無論是六世紀的羅馬鼠疫、十六世紀的天花大流行、一九一八年的西班牙流感，還是二十世紀的愛滋病，都是如此。微生物無處不在，其中一些更從動物間的傳染病跨越到人類，成為人畜共通的疾病。在新冠病毒出現之前，我們已經歷了SARS、MERS、埃博拉病毒和豬流感等可以通過空氣傳播的疾病。

新冠肺炎的傳播仍然是嚴重的公共衛生問題，不過自二〇二〇年以來，全球平均死亡率已大幅下降。在疫情初期，80％的死亡病例是六十五歲以上的老年人。而倖存者則需要針對持續的症狀接受治療。更令人擔憂的是，維持病患生命的巨大負擔，對醫護人員造成了沉重的心理壓力。這些前線工作者呈現出急性心理壓力與身體疲憊的跡象，而新變種病毒的出現與傳播速度的急遽上升，更使情況雪上加霜。

最初，新冠疫情主要影響老年人，但新變種病毒開始侵襲年輕族群。過去，呼籲人們接種疫苗與採取預防措施的訴求，往往是「為了保護祖父母」，因為他們更容易感染且死亡率較高。然而，如今這樣的訊息已經轉變，年輕一代也被要求照顧好自己。焦慮的症狀甚至開始出現在兒童與青少年身上。一些封城、停課與停業等措施，影響著人們生活的方方面面。這些擾亂所帶來的連鎖效應，預計仍會持續發酵。

有人請我將這些數據與佛教結合，並探討佛法能提供哪些答案或解決方案。在思考要與各位分享什麼時，我的思緒再次轉向了釋迦牟尼佛的一生。

當時還是太子的釋迦牟尼佛，生活充滿優越：他年輕、健康、英俊、富有，擁有美麗的妻子和第一個兒子。當他乘著馬車，自豪地穿過街道時，那輛馬車堪稱古代版的藍寶堅尼，引人注目。然而，這種被保護的生活讓他對現實一無所知。當一個人從小生活在財富、權力和安逸中，充滿優越感與傲慢時，該如何讓他意識到生命的脆弱？要打破這樣一個年輕人的經驗外殼，需要一種他無法忽視的強大衝擊。這種衝擊無法人為製造或偽造，它必須來自一種自然且不可避免的力量。對悉達多太子而言，這樣的衝擊始於三大信使帶來的震撼：疾病、衰老與死亡。當他坐在威風凜凜的馬車上，從優越的高處穿過人群時，據說這是他第一次目睹三位信使，而這讓他從此徹底改變。

回顧新冠疫情前的生活，我們會發現，全球社會的人們都很自負——深信能應對一切挑戰，卻只為少數人累積巨額財富，對自身行為給環境帶來的衝擊漠不關心。我們就像當時的悉達多太子，乘著華麗的馬車穿過街道，只顧自己，相信自己能應對生活中的一切挑戰。

這樣的生活狀態並不意味著悉達多太子懷有惡意，或有意傷害周圍的人，也不代表他缺乏慈悲心。事實上，我們也可以在無意識的狀態下作出許多積極、正面的行為。佛教中關於釋迦牟尼佛的故事強調了，他最重要的時刻，始於他意識到周遭世界正在發生的事情之後。

當我們最初注意到新冠肺炎時，它被認為對我們的生活步調影響甚微，而我們也深信自己有能力應對它。有一段時間，人們對待它的態度，與一九一八年西班牙流感大流行如出一轍。當時，美國費城市議會希望舉辦一場盛大的遊行，慶祝第一次世界大戰結束，並展示國家的勝利與實力。然而，當時流感病毒已在費城蔓延，一些醫護人員警告，這場遊行將帶來危險。但市議會與市長拒絕接受這些令人沮喪的建議，遊行照常舉行，沿途有成千上萬的民眾歡呼慶祝。結果短短幾天內，流感造成的死亡人數開始飆升，最終費城記錄了超過一萬二千起死亡病例。當時沒有疫苗、沒有治療方法，人們對病毒如何影響感染者身體也一無所知。更令人悲痛的是，大多數死亡病例是二十至四十歲之間的年輕人。尤其令人心碎的是，許多年輕男子剛從烏克蘭戰場歸來，他們逃過了戰爭的殺戮，卻在返鄉後感染病毒，許多人因此喪生。

當疫情無視我們的需求與願望，按照自己的軌跡發展時，我們抵抗、否認、憤怒，並試圖尋找可以責怪的對象。但我們不得不面對這樣的事實：僅僅關注政治邊界，是無法控制病毒傳播的。病毒在地球上任何角落的變異，最終都會出現在我們的家門口。如果說新冠肺炎教會了我們什麼，那就是讓我們深刻體會到，我們生活在一個全球化的社群中。我們無法乘著財富與發展的馬車，確信自己能夠免受世界各地人群所經歷的苦難。

悉達多太子乘車穿越他的城市時，目睹了老病死的景象。這雖然令他悲傷，卻也讓他覺悟了真理。如今，我們也穿梭在擁有數百萬人口的城市中。人類正不斷向城市聚集，城市人口已超過鄉村人口。我們的全球化社群是都市化的，大多數人的舒適、健康與安全，都取決於城市生活結構的組織與效率。

當新冠病毒襲擊紐約時，我們都很憂慮，因為幾乎不知道如何在如此密集的人口中心控制疫情。而洛杉磯則考慮要求進入大多數室內場所時，必須出示疫苗接種證明，包括餐廳、運動賽事、學校、圖書館和銀行等。

我要向那些將信徒安全放在首位的佛教團體表示讚賞。這一點我深有體會，當佛光山佛陀紀念館不惜重金，為我的「海線佛教」研究項目打造3D虛擬實境展覽時，我們原本準備開幕，卻因疫情爆發而被迫關閉超過一年。這對我來說是個巨大的失望，但這也體現了博物館對生命的珍視，遠超過對珍寶展覽的重視，展現了慈悲的精神。

我們該如何理解數十萬人的死亡、數百萬人的感染，以及一大群長期飽受健康問題與殘疾折磨的倖存者？老、病、死的訊息究竟是什麼？我們是否該讓自己被這些令人沮喪的數據壓垮？悉達多太子在人群中目睹了病人、老人，甚至死者，這讓他從自滿中驚醒。他的第一個反應是試圖理解所見的景象。他問年長的侍者：「這些事情是否只發生在某些家庭？是否有些人特別容易遭受這些痛苦？」侍者回答：「不，這不僅限於那些虛弱、貧窮或邊緣化的人……這是每個人都必須面對的現實。」悉達多太子追問道：「即便如我這般年輕、強壯、富有，難道也不能倖免於這些痛苦嗎？」侍者再次回答：「是，包含您在內，無人能倖免，這些事終將發生在您身上。」

突然間，生命對他而言變得截然不同。所有曾讓他引以為傲的事物，都顯得微不足道，因為沒有一樣是永恆的。他接受了所見的現實，而正因為接受了它，他才能邁向自己的使命。

新冠肺炎迫使我們正視生命的問題——這些問題一直存在，但我們過去卻選擇忽視，或者說，我們以為可以不必理會。不平等、無家可歸、醫療資源匱乏，以及對人類處境基礎理解的不足，這些問題，就像悉達多太子每日在城市街道

我們也在城市中前行，面對後疫情時代的挑戰，以接納和韌性迎接不可避免的變化。

巡行時所見的景象一樣，突然浮現在我們眼前。

全球財富不均的狀況令人震驚：世界前1％的人口掌控了46％的財富，而前13％的人口更掌控了84％的財富。與此同時，全球55％的人口——超過半數的人——僅擁有1.3％的財富。我們是否還需要問，為什麼無家可歸者不斷增加？為什麼世界上許多人連新冠肺炎疫苗的費用都無法負擔？這是一個極其危險的狀況，而隨著我們在疫情後重建社會，它將持續挑戰我們。

當我們回顧新冠疫情期間的變化時，這些變化顯示出世代之間的距離正逐漸拉大。在我們的社會與文化生活中，不同年齡層之間的隔閡可能從未如此嚴重。你可以看到，嬰兒潮世代——如今的老一輩——在疫情期間接收訊息的方式幾乎沒有改變。然而，當我們觀察嬰兒潮世代之後的兩個世代，例如他們的孫輩，變化卻是劇烈且顯著的。

最新研究顯示，互聯網與社交媒體的使用發生了重大變革，其影響力遠遠超越疫情前的規模。嬰兒潮世代仍然依賴廣播、電視和報紙等傳統媒體，而年輕一代則從各式各樣的數位來源中獲取訊息。此外，許多網路平台的內容，較少受到編輯、審查或監管的控制，這也是一個明顯的現象。

在後疫情時代，佛教必須投入更多資源到這些受年輕世代青睞的領域。對於年長一代來說，適應並回應這些世代活動的巨大轉變，將是一大挑戰。然而，這同時也是一個機會，讓新一代領導者挺身而出，協助構建未來佛教思想在媒體中的呈現方式。

我必須說，我對那些熟悉並善用數位世界的年輕人充滿期待。他們渴望參與世界，並希望被看見、被聽見。跨世代溝通的窗口已經開啟，我相信每個佛教團體，都應該主動接觸這些年輕人，並邀請他們參與其中。我們常擔心如何讓年輕一代對佛教產生興趣並融入其中，而現在，我們正處於一個需要他們協助運用數位資源的時刻——這些資源正是他們日常生活的一部分。如果錯失這個機會，未能邀請他們參與，並讓他們在開發新穎且具吸引力的項目中發揮作用，那將是一大遺憾。這些項目有潛力觸及遠超本地觀眾的群體，為佛教帶來更廣泛的影響。

我們現在就像當年的悉達多太子一樣，面臨著關乎生命的問題：經歷了新冠疫情後，現在該做些什麼？如果我們只想回到疫情前的生活方式，注定會感到失望。歷史上的多次疫情充分證明，變化是不可避免的，而我們必須學會接受並適應這些變化。我們總是希望能掌控世界與生活。正如美國著名電影導演伍迪・艾倫（Woody Allen）所言，我們活著彷彿死亡是可選擇的；而我們更進一步希望，衰老與疾病也是可選擇的。如果這些真的可以選擇，我們就會對患病、變老或死亡感到羞恥。

電視上曾有一位健康專家，每年都會用繩索將自己與一艘大型平底貨船相連，拖著船隻逆流而行，以此證明自己的力氣。九十多歲時，有人問他關於衰老、疾病與死亡的問題，他回答說，這些對他來說是一種困窘，因為他多年來向人們展示，透過鍛鍊可以抵抗自然法則。然而，即使擁有強健的身體與謹慎的生活習慣，他仍像悉達多太子一樣，必須面對這三位生命的信使。

我也逐漸老去，伴隨著一些無法治癒的老年問題，心中不免湧現挫敗感。某種程度上，當我照鏡子看到白髮、鬆弛的肌肉與布滿皺紋的脖子時，我會感到羞愧。唯一讓我對老年感到安慰的是，我突然意識到，這個讓我抱怨與羞恥的老年，其實是我與死亡之間唯一的屏障。從這個角度來看，它更像是一位朋友，而非敵人。

人生中究竟有多少事情是真正可選擇的？我們能選擇過沒有科技的生活嗎？能選擇不受到病毒的威脅嗎？能選擇不面對氣候變遷嗎？如果我們走進賭場，能選擇自己拿到的牌嗎？莊家不會因為我不喜歡手中的牌，就給我一副新的。我們的任務是善用手中的牌，並在限制中展現技巧。

我們遇上了疫情，這是生活發給我們的牌。我無法選擇拒絕這副牌，並要求重新發牌。在美國，已有超過七十萬人死於新冠肺炎，而許多人仍難以接受這個事實。我們尋找了許多藉口，甚至試圖否認這一切的發生。然後，我們安慰自己，認為這不會發生在自己身上；即使感染了，我也能治癒它：我的年齡和健康狀況讓我能夠輕鬆應對。然而在背景中，鼓聲依然持續敲響，記錄著死者的數目，新變種病毒的陰影也步步逼近。

那麼，佛教徒該如何面對這個充滿疾病與死亡的時代？達賴喇嘛曾說，慈悲只能在平等之間被體驗。我們都是脆弱的——所有人都無法避免疾病、衰老與死亡；所有人都受貪欲、瞋恨與愚痴這三毒的束縛；所有人都有恐懼、對他人動機的懷疑，以及對自身弱點與缺點的擔憂。在新冠肺炎、氣候變遷與社會問題面前，我們都是平等的。當我們意識到這一點，便能開啟慈悲之門，冷靜接受事物的本來面貌，並洞察其中的可能性。這一切或許令人感到難以承受，而智慧有時也可能被視為痛苦的來源。

在猶太傳統中，有些人會保存一個裝滿芬芳香料的盒子。當生活變得難以承受時，打開盒子，香氣會提醒你：希望、勇氣與生活的喜悅依然存在。佛教徒也有點香的習慣，但有時我們只將它視為儀式的一部分，而忘記了香氣其實能喚起我們對佛陀與菩薩的憶念，並提醒我們——我們擁有覺悟的基礎，也具備理解的能力，這使我們能夠應對變化的世界、疾病、衰老，甚至死亡。我們需要香氣帶來的安慰。

多年前，我曾造訪峇里島，並受邀參加一場舞蹈儀式。儀式中，表演者進入了出神狀態。當舞者登場時，他們聚集成群，一位領舞者點燃了香，並將香傳遞到每位舞者面前。他們訓練自己的心靈對香氣產生反應，並立即進入出神狀態。從那時起，我便深刻體會到香味的力量與用途。因此，下次當你點香時，讓它帶給你一些信心：過去有諸佛菩薩，而現在依然有許多人在危機時刻能夠幫助與支持我們。

我知道，我所說的許多內容可能令人感到憂心，甚至有些難以承受。佛教世世代代流傳釋迦牟尼佛遇見三大信使的故事。如果有人問他對這段經歷的感受，他會說自己感到遺憾嗎？會後悔見到疾病、老年與死亡嗎？我想，他會微笑著向我們保證：那是他一生中，最重大和關鍵的時刻之一，正是這段經歷，引領他踏上了通往覺悟與涅槃的旅程。

三位生命信使並非為了帶給我們痛苦，而是為了告訴我們：這就是生命的現實，而你有能力與智慧去應對這些挑戰。一旦你聽懂了這個訊息，就能停止對生命的恐懼，並學會面對這些最基本的問題。

新冠肺炎就像一位信使，我們已經看到人們如何回應、成長，並變得更加堅強。那些從未經歷過如此考驗的人——例如醫護人員——發現自己遠比想像中更堅強，而他們的慈悲心也成為支撐他們的力量。科學家在極短的時間內，為我們帶來了疫苗這份偉大的禮物。誰能想到，我們的社會竟能挺過數月的隔離、職業生涯的停擺、孩子教育的停頓，以及對疾病甚至死亡的恐懼？以疫情的嚴峻程度而言，我們已經做得非常出色。

佛教也向我們展示了其靈活性與應變能力，證明其能在危機中發揮作用，並未因這些艱難時刻而崩潰或消失。如今，隨著世界逐漸重新開放，我希望我們不僅僅是渴望回到「正常生活」，而是能像悉達多太子一樣，踏上新的道路，追求過去未曾設想的目標，全面擁抱生命。希望我們因聆聽三大信使的訊息而變得更加堅強，並擁有活出最充實人生的力量。

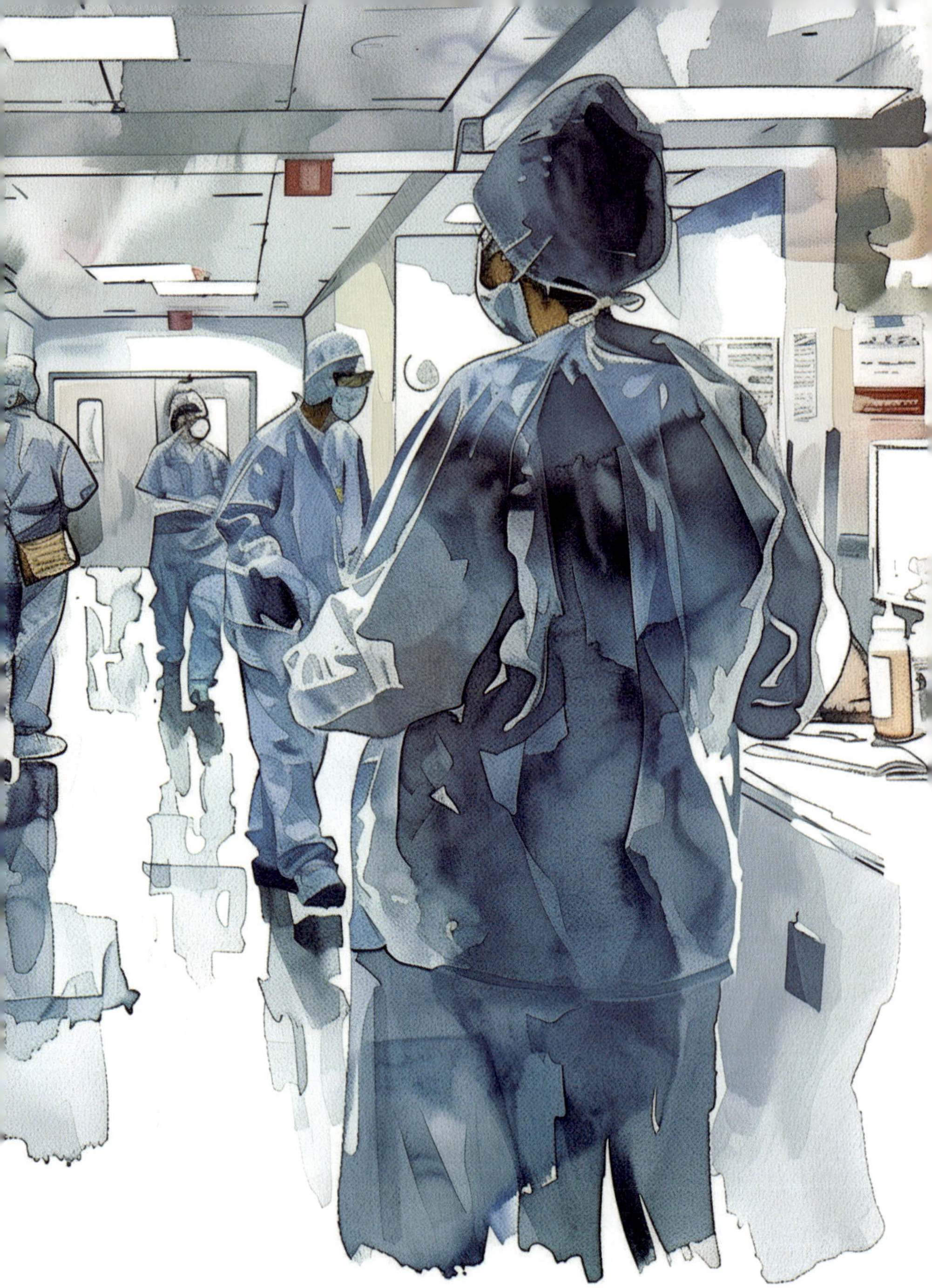

新冠疫情讓我們見識到自己的堅韌與力量，醫護人員的無私奉獻以及科學家們的快速疫苗研發，無疑證明了人類能在困難中適應與成長。

第伍章

邁向覺悟之路

第十四講　覺悟

對許多人而言，覺悟如同一座遙遠的燈塔，總讓人覺得難以企及。數百年來，這個概念不斷地被定義、重新定義、詮釋與分析，但令人意外的是，關於覺悟實際體驗的具體描述卻極為罕見。在準備這次講座的過程中，我再次深刻體會到自身的知識是多麼有限。縱然我從事佛學研究已有六十年，對覺悟理應有一定程度的理解，然而至今，對它依舊難以捉摸。

我想起一件往事：曾經有人向我描述，他相信自己經歷了覺悟的體驗。這個故事發生在台灣的一個夜晚，當時已接近十點，經過一整天的忙碌，我正準備就寢，突然電話響起，是一位熟識的朋友打來。他堅持要我立刻準備好與他一起出門，因為有一位住在山中的老僧，願意在當晚與我見面。

我們隨即上車，駛向台北近郊的山區。這段路程相當艱辛，因為山頂籠罩著濃霧，幾乎看不見前路，我們不得不在霧中緩慢行駛。抵達時已經很晚了，老僧邀請我們進入他的住所，儘管深夜突然有一位外國人來訪，他依然從容不迫，且態度親切而平和。當時，他問我想了解什麼，那一刻，我有些愣住，因為我原以為他會直接開始傳授一些教導予我。

那位僧人身上散發出一種平和的氣質，毫無預設立場的態度讓我印象深刻。我問他，是如何成為現在的樣子。他並沒有迴避我這個直接的問題，反而十分親切地分享了自己的經歷。他說，多年來他持續靜心打坐，直到有一天，體驗到了所謂的「覺悟」。

他形容，那一刻，他感受到自己與這個世界，甚至與整個宇宙之間的隔閡徹底消失，身心彷彿與萬物融為一體，並沉浸在一種深沉而澄明的喜悅之中。他這樣描述：

那是一種與日常思考完全不同的狀態，是純粹的存在，沒有任何思惟活動。我只是單純地存在著，而不是像平常那樣在思考。那裡沒有感覺，既無痛苦，也無舒適。時間似乎不再被切割，過去、現在與未來一併消融。沒有「自我」的概念，但也不是「無我」的概念。那種狀態並不是昏迷或無意識，正好相反，是一種極度清明的覺知，內在沒有任何思緒或情感的波動。

他在那種狀態中持續了數個小時，直到黎明的第一縷陽光照進房間。隨著光線出現，他開始察覺自己的呼吸。有一段時間，意識只停留在吸氣和呼氣之間，沒有任何其他念頭。隨著時間推移，他逐漸回到思惟與經驗的世界，念頭開始一個接一個地浮現。令他驚訝的是，這些浮現的念頭竟與他「覺悟」狀態發生前一天所想的內容一模一樣。就在那時，他開始感受到長時間靜坐帶來的身體不適，口渴和飢餓的感覺也浮上心頭。他對自己當下的狀態產生疑問，也對那些再次湧現的念頭感到焦躁不安。

我問老僧，在經歷了那樣的境界之後，當念頭一個個湧現、覺悟的狀態逐漸消退時，他是如何面對的。我不想錯過提問的機會，因為我覺得他或許能解答我長久以來的疑惑。進而我問他：「這種『覺悟』有什麼益處？」這樣的提問，或許聽起來像是在貶低他的體驗，甚至質疑這段經歷是否真的有實際意義。換句話說，我是在以不那麼禮貌的方式詢問：「這一切，對你的日常生活有什麼幫助？」

老僧並沒有因此感到被冒犯，反而坦然地回答了我的問題。但我覺得，在每次開口之前，他總會先觀察我的反應，彷彿在斟酌該如何繼續說明。他說：

多年前那個夜晚，我第一次體驗到的「覺悟」，其實就是圍繞在我們身邊的現實。它既不是遙不可及，也不是近在咫尺，它只是如實地存在著。覺察到這份覺悟的存在，讓我在某些時刻能感到安然自在，從煩憂與苦惱中獲得解脫。這份覺悟讓我能夠以滿足的心境度過漫長的一生。有時，我會透過禪修回到那種單純的存在狀態，在那樣的現實中安住數小時。這是一個寶貴的工具，幫助我應對與他人的關係、衰老的身體，以及生命中的每一個當下。它也讓我有能力迎向憂慮、痛苦與恐懼所帶來的風暴。

那是一場毫無預兆的經驗，是我人生中第一次真正理解經典中所說「頓悟」的意涵。但當舊有的思惟模式、情緒與感受再次浮現時，我明白到：雖然覺悟是瞬間發生的，但要將它融入生活，卻是一段漸進的修行歷程。它就像一個實用的工具，讓我能夠面對一波波重新浮現的念頭。因為我曾經歷過那種沒有念頭的狀態，這些念頭再次出現時，呈現出全然不同的樣貌。它們像一道道閃光，快速地一個接一個浮現，每個念頭停留的時間都極為短暫，立刻就被下一個取代。

現在，每天早上醒來，我會運用這份「覺悟」來觀照這些念頭，看清它們的本質——它們只是短暫的存在，無法長久停留。我也逐漸明白，我依然要過著平凡的日常生活：起床、吃飯、洗澡、教書、閱讀等的作息規劃。起初，覺悟彷彿是一座遙遠的燈塔，只有在極度專注的時刻才能觸及；但後來我發現，即使在憂慮與恐懼交織之際，我也能感受到它的存在。它一直都在，只是當念頭生起時，會短暫地將它遮蔽。然而，當一個念頭閃過又消失，在下一個念頭尚未生起的那一瞬間，覺悟便會再次顯現；就這樣，隨著每個念頭的起滅，覺悟不斷地出現與隱沒。

我意識到，自己終於遇見了一位似乎曾親身體驗過「無內容意識」的人。在心理學界，「意識可以是無內容的」這個觀點，並未獲得廣泛支持。這個問題，我無法在這場講座中加以解決，甚至也無法給出明確的結論。然而，那天深夜，在台灣那座雲霧繚繞的山上，當我聽著那位老僧描述他所謂的「覺悟」經歷時，從他的敘述來看，這種體驗幾乎完全符合「無內容意識」的特徵。直到晨光出現，意識的內容才重新在他的日常心識中浮現。

根據為數不多的相關研究，那些曾經經歷過無念狀態的人，往往會因此受到深遠的影響。

巴利經典中記載了一段描述：有一個人在芒果樹下熟睡，在深沉的睡眠中，他沒有任何念頭，也沒有任何思惟。忽然，一顆芒果從樹上掉落，驚醒了他。經文提到，在這樣的無夢沉睡中，他處於一種名為「有分」（梵文 *bhavaṅga*）的狀態，也就是一種在沒有主動心識活動時的被動意識狀態。當芒果落在他身上的那一刻，「有分」狀態便立即被主動的心識活動所取代。而當他明白發生了什麼事之後，又再次進入睡眠，此時再度進入「有分」狀態，並由「有分」狀態取代所有與「芒果」、「樹」或「地面」相關的念頭。

聽著那位老僧的描述，我覺得這正是一個具體的例證：意識的連續性——或者說是一種無內容的意識狀態——被感官所引發的瞬間念頭所中斷。而當某個念頭閃現又迅速消失時，無念的狀態便在那一刻清晰顯現。

回到我先前對這位僧人所達境界「究竟有何益處」的疑問，對於他的回答，我是這樣理解的：

他整夜沉浸在禪定所帶來的喜悅中，而當隔日清晨從那種境界出定時，他記

宗密大師教導說，開悟可以在瞬間達成，但隨後的修行則是漸進的。

得那段經驗，並感到無比的欣喜與清明。然而，隨著時間推移，他驚訝又略感失落地發現，自己仍舊要面對日常生活，而其中一些情境依然會讓他感到不耐煩，甚至生起一絲怒意。他可以在禪修中再次進入那種極樂的境界，但當外在世界的紛擾來襲時，舊有的思惟模式與行為習性仍會浮現。

於是，他領悟到，自己所體驗到的「覺悟」，其實是一項寶貴的工具，應該運用在回應生活中的種種挑戰與考驗上。他說，他逐漸明白，自己長年累積的習氣、固有的態度與偏見、不耐煩的性格，都還深藏在心中。他形容這些舊習就像腦海中一道道深刻的溝壑，是今生乃至過去世長久以來形成的。所幸，他所培養出的專注力，使他能夠每天練習、持續觀照，逐步鬆動並消融這些根深柢固的反應模式。

令他感到欣慰的是，他曾閱讀過中國佛教大師宗密的著作。宗密大師指出，開悟的瞬間是頓然發生的，但悟後的修行則需循序漸進，持續實踐。這種見解與一些人的觀點恰恰相反——有些人主張必須先漸修，才能達到頓悟。

對那位隱居於台灣山中的老僧而言，那次難以言喻的頓悟經驗始終伴隨著他。數十年來，他持續運用那份洞見，修習內觀，對治貪、瞋、痴三毒，作為日常修行的核心。

我必須承認，當時我並不確定該如何理解那位僧人所描述的經驗，於是決定暫時將這些想法擱置一旁，將注意力轉向其他事物。直到有一天，我在車上的收音機中，聽到一場極為引人入勝的訪談，才重新勾起了我的記憶與思索。

受訪者是哈佛大學的神經科學家吉爾・博爾特・泰勒博士（Dr. Jill Bolte Taylor），同時也是大腦研究中心的成員。她在三十七歲那年經歷了一次中風。由於受過專業訓練，她在發病當下完全意識到症狀的出現，並清楚知道這是一場嚴重且範圍廣泛的中風。即使意識逐漸模糊，她仍能判斷出出血部位發生在左腦葉，導致她的判斷能力、自我意識，以及所有意識內容迅速消退。

但隨之而來的，是一種意想不到的經驗：大腦中的雜訊完全靜止，所有對於中風及生活的憂慮也一併消失。就如同那位老僧所描述的狀態一樣，她感受到自己與外界空間的界線消融，彷彿整個人與存在的流動融為一體。

當時，她的母親坐在病床邊，知道女兒的大腦可能已遭受無法逆轉的損害。然而，令她驚訝的是，雖然女兒無法言語，卻微笑了——她看起來似乎並不痛苦，反而沉浸在一種幸福的狀態之中。母親感到難以理解甚至有些憤怒：在這樣的情況下，女兒為何還能微笑？但這一幕就真真切切地發生在她眼前。

吉爾・博爾特・泰勒博士的中風經歷揭示了一種無內容的意識狀態，這與佛教中「有餘涅槃」的教義相呼應。

當我在廣播中聽到這段故事時，立刻聯想到那位僧人曾與我分享的經歷——意識，的確可能存在一種「無內容」的狀態。

泰勒博士後來很幸運地康復了。她提到，自從那次經驗之後，每當生活壓力過重時，她便能回到那種境界。她稱那種狀態為「退回到右腦葉」。那場中風徹底改變了她的生命，就如同禪修改變了那位老僧一樣。

佛教經典告訴我們，涅槃有兩種形式。其中一種，是在人仍活著、尚擁有人類一切能力與感官時所達到的境界，稱為「有餘涅槃」。不過，就如同那位在樹下熟睡的人所經歷的狀態一樣，這種涅槃可能會被中斷，取而代之的是日常生活的現實。

那位神經科學博士，儘管大腦因中風而遭到深刻的創傷，卻能運用大腦受損所帶來的特殊經驗，為自己帶來一種前所未有的安定與自在。

我分享這些人的經歷，並不是為了將「覺悟」平庸化。相反地，多年來，我一次又一次遇見類似的例子。我曾提及籃球明星科比．布萊恩，他也描述過與上述相似的經驗。這些經驗——無論是隱居山中的僧人、遭遇中風的神經學家，或是身處競技巔峰的職業籃球員——都似乎在向我們透露：那樣的境界，並非遙不可及。雖然我無法確定他們三人是否都經歷了相同的狀態，也無從證實，但其中的相似之處實在過於明顯，不容忽視。

那麼，這些「無內容意識」的片刻，在現實生活中究竟是否有其價值？從這些例子來看，我們至少可以確定一點：能夠擁有某些時刻，暫時抽離日常思惟活動的狀態，是具有意義的。

禪修是進入這種境界的一個途徑。但除此之外，還有其他方式也可能觸及類似的經驗——各種需要高度專注的活動，也有機會開啟這種意識狀態。雖然我不確定自己是否真的能抵達那些人所描述的境界，但我相信，一種無思惟而又極度清明的覺知狀態，是可以體驗的，而且其價值無庸置疑。

或許，「覺悟」並不遙遠，也不與日常脫節。也許，它一直都在，當下此刻，正與我們同在。

第十五講　輪迴轉世

某年午後，我在尼泊爾珠穆朗瑪峰附近的一個夏爾巴人小村莊裡，領悟到了轉世觀念的重要性。

村子裡有一座小型的佛教寺院，裡面有我感興趣的藏文經書。當我詢問是否可以觀看收藏在佛堂裡的經文時，寺院的管理員說這些經文是為喇嘛保管的，不對外開放。我又問，是否能見見喇嘛？本以為會聽到「他正外出旅行」的回答，沒想到，那個人指了指附近的房子說：「可以。他就在那裡。」

我走過去，迎接我的是一位抱著小孩的婦女。他們都長得非常莊嚴，而且相貌十分相似。你可能猜到了，她懷裡的孩子就是喇嘛。婦女看著男孩的眼神中混合著驕傲、崇敬和悲傷，她解釋道：「這位喇嘛來到我身邊，我必須照顧他，直到他準備好再次修鍊。」她知道，孩子五、六歲的時候就會被帶走，開始以喇嘛的身分生活。

村民們興致勃勃地聚集在我們周圍，講述他們的喇嘛是如何變老和去世的事情。喇嘛去世後，他們就開始尋找他的轉世。毫無疑問，這個孩子引起了他們的注意——他的眼睛明亮，神態安詳，外表出眾。村民們認為他可能是轉世的喇嘛，於是鋪開一條毯子，把喇嘛的遺物和其他人的物品混合陳列放在上面，並觀察孩子會被哪些物品吸引。果然，孩子拿起了幾件喇嘛的遺物並緊握不放。那一刻，村民們欣喜地知道，他們找到了喇嘛的新身。

這不是一個抽象的想法，而是他們村莊一個活生生的現實，也是一個維持生活結構和宗教實踐的關鍵時刻。

我想起曾與一位年長蒙古喇嘛的談話。我到柏克萊分校任教時，他也在那裡。他經歷過同樣的轉世過程，包括社群對轉世靈童的尋找和確認。老喇嘛描述了自己被帶離母親身邊，送往修道寺院後，他的生活發生了什麼變化。對他而言，那是一段艱難的過程。他的導師是位年長者，並被認定是前任喇嘛大弟子的轉世。導師知道，這一世自己負責教導這位年幼的喇嘛，而這孩子將來會報答恩情，教導他的下一個色身。

這位常駐柏克萊的年長喇嘛，屬蒙古佛教傳承，在當時僧團中地位崇高。後因政局變遷，他離開故土，輾轉來到海外。回憶幼年學經經歷時，他坦言修行過程殊為艱辛。他說，他的導師不斷向他講述前世喇嘛圓寂前所知的一切。當年幼的他無法回答和教義有關的問題時，導師會大喊：「記住！記住！你以前對這些了如指掌，還教過我呢！」當他調皮的時候，寺院裡的人就會把他帶到寺院大門旁的牆邊，任由路人朝他扔東西，並要求他學會像前世那樣生活。對他們而言，轉世是一個活生生的現實，整個社群都參與其中，努力讓他們年幼的轉世喇嘛恢復前世的智慧與品格。

佛教經典對「轉世」的過程有著詳盡的描述。在理解轉世之前，必須先界定「死亡」，因為死亡正是轉世機制得以啟動的關鍵時刻。據說，人從出生到死亡的人生經驗可分為五個方面——即佛教所說的「五蘊」：色、受、想、行、識。這五者共同構成了我們所經歷的身心世界。在死亡之際，五蘊中的「識」，也就是意識，會與其他四蘊分離。正是這個「識」，維繫著我們對自我與世界的連續性感知。

對於死亡時意識的變化，佛教徒有不同的看法。有些人——主要是上座部佛教傳統的信徒——認為，在死亡那一刻，意識會與人類經驗的其他方面分離，並在精子和卵子結合的瞬間，藉由與新的身體結合而轉世。形象地說，意識離開了一個具體的身體結構，隨即找到另一個新的生命形態。這個新身體可以是任何生命形式，包括動物、昆蟲、地界的靈體，甚至是天界的眾生。這些生命形式被分為「善趣」與「惡趣」：善趣包括投生為天人與人類，惡趣則指投生為畜生，或墮入地獄等黑暗界域。

另一個廣為流傳的觀點，則認為從死亡到再投生之間，存在一段長達四十九天的「中陰期」。在這段期間，意識僅以短暫閃現的形式存在，不會造作新的業力並受其影響。可以說，從一世到另一世，唯一能延續與轉移的就是意識。它是連接過去與現在生命形態的唯一橋梁。

許多佛教徒深信，這個被我們體驗為「自我」的身體，其實經歷了無數次的輪迴。每一個意識的瞬間、每一個被我們認為屬於「自己」的經驗，其實只是瞬息萬變、連續不斷的過程之一。我此刻的身體，與一年前、昨天，甚至十秒前的身體，已不完全相同；其變化是普遍且持續的。

從這個角度來看，現在的身體與幾世紀前的身體雖截然不同，但我們仍不斷擁有「意識的體驗」。而這種體驗，很難解釋為在受胎那一刻才忽然出現、之前是全然空白的狀態。事實上，我們的意識在受胎之時，已具備某種本能與物理基礎。科學傾向將這種延續

佛教認為，我們生來並非從無開始，而是承載著無盡世代的記憶，輪迴正是心識的延續。

性歸因於DNA（去氧核糖核酸）——我們從父母繼承的基因中，承載了人類發展的完整藍圖。而佛教則認為，我們出生時並非如白紙一般，我們的意識本身就承載著過往的記憶與業力。從這個角度來看，輪迴的概念，最終可理解為對意識本質的探索。

意識的本質，今日也成為心理學與物理學的重要研究課題。如果我們將意識視為信息，那麼，這些信息是否能從一世傳遞到另一世？「識」的梵文是**vijñāna**，其字根**jñā**相當於英文單詞**know**（知曉）。從現代觀點來看，知識可以被視為對信息的擁有，而我們獲取信息的方式之一，是透過感官接收外界刺激。例如：眼睛接收到反射光，轉換成神經電訊號，經由視神經傳送到大腦，再進行一連串化學與神經處理，最終產生「看見」的經驗。這個「看見」的經驗，正是「識」的展現。感官接收信息，大腦則依據這些信息建構出與之對應的主觀體驗。

如前所述，信息的存在與接收是經驗世界的關鍵。就像我們擁有一架太空望遠鏡，能夠捕捉來自一百三十億年前的微弱光線——這些光線蘊含了一百三十億年的宇宙信息。在望遠鏡接收並轉換為圖像之前，這些光對我們來說是無法感知的。只有當影像進入眼睛、傳送至大腦，才會成為我們的感官體驗。

然而，並非所有的信息都來自感官，我們的身體本身也儲存著大量非感官的信息。DNA與mRNA（信使核糖核酸）就是其中重要的例子，它們驅動著體內所有細胞的運作。這些分子承載著歷代基因遺傳的信息，同時也記錄著DNA突變所引發的變化。

近期，美國前國務卿科林・鮑威爾（Colin Powell）因新冠肺炎併發症辭世，而他在此之前已因多發性骨髓瘤而身體極度虛弱。這種疾病的成因，是細胞未能準確傳遞信息所致。他的RNA將錯誤的訊息送至體細胞，導致缺陷細胞的大量生成，最終導致死亡。這個例子說明：在細胞層級，信息的傳遞同樣攸關生死。

回到「轉世」這個話題。當我們的意識與生命體驗的其他方面分離時，會發生什麼情況？它會就此消失嗎？物理學提出了一些引人深思的觀點。過去，人們認為以光的形式存在的信息，一旦被黑洞吞噬，便會永遠消失。然而，現代理論顯示，黑洞實際上會保留這些信息，並最終以輻射的形式將其釋放。換言之，即便在最極端的條件下，信息仍沒有消失。它轉化為暗物質，暫時不再以任何形式存在於宇宙中。但當暗物質分解時，仍會輻射出與原本吸入黑洞時相同信息的光。這些研究似乎指出了一個重要事實：信息可以存在數十億年，甚至存於看似不符合我們宇宙特徵與物理法則的環境中。

因此，無論我們是否相信轉世，都不能否認「來自過去的信息」仍在我們身上發揮作用。畢竟，我們的身體本身，不就是依據儲存在DNA中的信息而構建出來的嗎？

第十六講　放下執著

當我們聽到英文單詞 **attachment**（執著、依附、依戀）時，通常會有正面的聯想。有些人甚至會說 **loving attachment**（愛的依附），表示對配偶、子女、家人、朋友深切的情感連結。相對地，**un-**（前綴，常譯作「不／非／解」）或 **de-**（前綴，常譯作「去／脫／解／降低」）這類前綴詞則容易讓人聯想到脫離關係，帶有冷漠的意味。但從佛教的角度來看，**attachment** 是我們的思想與意圖所構建出來的產物。佛教所指的 **attachment**，更接近於「附加物」的概念，就像電腦中的附件一樣。換言之，其就是所謂的執著，是我們給自我與他人的概念加諸的「附加物」。

我最近看了一部引人入勝的紀錄片《我的章魚老師》（*My Octopus Teacher*）。影片中，一隻章魚利用觸手上的吸盤收集陶瓷、金屬、玻璃等碎片，將它們纏繞在身上，以隱藏自己、躲避鯊魚的視線。在其他生物眼中，牠就像一堆破碎的玻璃和陶瓷。這種行為與佛教經典所說的「執著」非常相似。我們經常用一些外在特質來塑造自我形象，但這些特質並不是我們本身，而是為了向他人展現的一個特定樣貌。如果我們希望別人認為我們聰明、自律、有領導力，就會努力展現這些特質。當我們談到「放下執著」時，指的正是放下這些添加的東西，單純地面對本來的自己。這並不意味著冷漠或疏離，而是放下那

「放下」是指放下那些迎合外界、遮蔽內心的執著，並回歸到真實的自我。

些遮蔽本質、誤導他人的外在附加。

《般若經》告訴我們，有些在家菩薩雖擁有財富，也享受其帶來的利益，但他們深知財富與地位的本質——不過是些附著身上的東西，與章魚為了躲避獵食而用來遮掩自身的貝殼無異。這些菩薩了解這些「附加物」的本質，不會執著其上，並能在適當時機放下，活出圓滿的人生。

與這些為了創造安全感與保障生活的執著相比，一些情感與心理上的依附更為細膩，也更不易察覺。我曾親身經歷一件事，迫使我不得不正視自己的依戀，也讓我深刻理解它在我生命中所造成的影響。

不久前，我經歷了太太離世的痛苦。我們曾約定，面對老年與病痛時，必須彼此坦誠相對，不逃避、不隱瞞現實。當醫生告訴我，太太只剩不到一年的生命時，我請他坦率地對我們兩人說明病情。而醫生也願意如實告知關於太太癌症的進展狀況。

接下來的幾個月裡，我和太太一再回顧共同走過的六十二年歲月。我們終於說出那些長久以來不敢表達的話，開始放下那些曾在親密關係中造成隔閡的執著。在這過程中，我們沒有發現令彼此疏遠的因素，反而更深切地感受到彼此長年以來的愛與付出。我們明白，如果沒有這段攜手走來的人生，我們都不會成為現在的自己。令我驚訝的是，我發現她真心愛的是「我這個人」，而不是我的成就、地位或其他外在條件。她滿足於我們的相伴，單純地與我在一起，不需任何附加的理由。

在那段艱難的日子裡，我們有機會敞開心扉，坦誠地討論人生，毫無羞愧與責備地分享彼此的恐懼、希望與喜悅。直到某個時刻，我們發現，我們已經說出了內心想說的一切——關於愛、關於曾經的掙扎以及迷惘，也關於對彼此的深深感激。

因為那些片刻，我開始明白，那些我曾以為讓我「值得被愛」的附加條件——像是成為教授、出版著作、獲得外界成就的認可——其實只是我為了掩飾自身不安與缺陷所努力追求的東西。我的太太是一位藝術家，她也有自己的執取——對讚譽的渴望、對作品被收藏於世界各地博物館的期待。然而遺憾的是，我們花了六十二年才真正明白，我們對彼此的愛，從來就不建立在這些外在條件上。

在她生命最後的幾天，當她已無法言語時，我們都深深感受到：只要彼此陪伴，就已足夠。那些我們過去苦心經營、層層堆疊在生命周遭的附加物，此刻反而成了阻礙——我們終於明白到，其實只要牽起彼此的手、相視一笑，就已圓滿無憾。

有一則關於佛陀弟子的故事，主角名叫婆迦梨。他似乎別無所求，只想靜靜地坐在佛陀的附近。這個故事有許多版本，以下是我依照自己的理解所重新講述的版本。也因為我與太太的經歷，我才能更深刻地領會這個故事的寓意。

故事中，婆迦梨只是靜靜地坐著、凝視著佛陀，這引起了周遭的人的注意。最終，有人前來對佛陀說：「您必須讓他離開，出去修習、打坐、努力證悟。」換句話說，他們無法理解：只是靜靜地坐在某人面前、單純地與之同在，有什麼修行的意義？

於是，佛陀請他離開，去探尋自己在這個世界上的定位。不久後，佛陀聽聞婆迦梨心情低落，甚至有人擔心他可能萌生輕生的念頭。出於慈悲，佛陀便允許他回來。但讓大眾感到不滿的是，婆迦梨回來後依然如故，只是靜靜地坐在佛陀面前，毫無其他意圖或表現。當眾人再次對他提出批評時，佛陀制止了他們，並說：「由他去吧，他是你們之中最具信心（**faith**，在此也意指信任）的人。這就是他的修行方式。」

僅僅是在他人身邊就能感到滿足，對許多人來說，這是難以理解的。我也曾如此，直到我真正領悟到，我的太太只需要我陪伴在她身旁，便已心滿意足時，那一刻，我感到無比驚訝。我原以為，自己必須說些有趣的話，或展現幽默與風趣，才能證明自己的存在有價值。如果不做些什麼、不附加些什麼，我彷彿就不具意義。但我不得不接受一個事實：單純的陪伴，其實就已足夠，而這樣的存在，不需要任何解釋或交代。

在觀看紀錄片《我的章魚老師》時，我也有了類似的體悟。隨著時間推移，對於觀察者與那隻章魚而言，僅僅是彼此陪伴就已足夠。是什麼使這樣的關係成為可能？我認為，這揭示了：當你放下那些外在的執著與附加物時，你就能成為一個安全的避風港。當一個人能在沒有任何附加條件的情況下，全然信任另一個人，那種處於信任之中的狀態，是幸福而滿足的。

婆迦梨正是一個對佛陀充滿信任的例子。他有幸在佛陀證入涅槃之前的最後一世，陪伴在其身旁。佛陀經過多世修行，已斷盡一切執著，接近圓滿覺悟。得以安住在這樣一位覺者的身邊，讓婆迦梨能深切感受到一種深層的信任與安穩。

我認為，婆迦梨的故事之所以有不同的版本，或許正是因為人們難以真正理解「信任」在修行中所扮演的角色。對於許多世代的人而言，這始終是一項艱難的課題。

我逐漸明白，所謂「放下執著」，並不是冷漠，也不是與他人疏離。相反地，當我們放開那些被視為人際關係中「不可或缺」的依戀時，反而可能開啟一種出乎想像、更加深層的親密。我會終其一生心懷感激——感謝我和妻子有機緣，在生命最後的時光裡，為我們的關係畫下如此圓滿的句點，我不必為那些來不及說出口的話、未能表達的情感而遺憾。我雖然希望我們能更早分享這樣的親密關係，但我也明白，在尚未準備好放下自我、驕傲，以及對個人身分的執著之前，那是不可能發生的。

在我的人生中，有許多未能好好道別便永遠離開的人——包括我的祖母、父母、一位兄弟，以及兩位摯友。我曾無數次想對他們說些什麼，但機會已經錯過。

佛教經典說得很對，渡河需要船筏，但若已經過河，卻仍緊抓不放，那便失去了意義。正如章魚一樣，當附著物已無助於生存時，我們就該學會放下。我和太太在最後僅存的日子裡，也放下了對事業成就與過往貢獻的執著。我們真切地體會到，彼此的深厚情感，早已不需任何依託來支撐。我們為共同創造的生命歷程、為兒女與孫輩感到欣慰。但在黎明破曉前最黑暗的時刻，我們卸下了所有外在的裝飾與執著，得到了一份珍貴的禮物——做最真實的自己，坦率地表達我們的脆弱、限制、才華與成就。我們還常常會因為彼此傾訴那些曾經執著不放、如今看來甚至有些荒謬的想法而開懷大笑。

經常有人問我，佛教徒是否能在超然物外的同時，仍然與他人保持親密、建立情誼？就我自身的體驗而言，唯有放下種種自我設限的偽裝和心防，才能真正領會與人相處的無上喜悅。

佛教教導我們，出家僧團是「三寶」之一，是佛陀教法的承載者與實踐者。法光法師曾在香港大學發表過一場令人難忘的演說。他指出，佛陀在世時，僧團之所以能運作無礙，是因為彼此建立在堅不可摧的信任之上，因此當時並無需制定戒律。直到佛陀涅槃後，僧團內部的信任出現裂痕，才有必要設立種種規範來維繫秩序。從這個觀點來看，佛教與其說是建立在「信仰」之上，不如說是一種建立於深度「信任」的宗教。

我們並不總是需要仰賴特定形式的修持來獲得智慧。所謂「方便法門」，就是一種教學的智慧。不論對自己或對他人，或許，當我們拋開標籤與身分的框架，反而更能發揮出真誠的關懷與引導。也或許，對那些正在努力學習的人而言，最好的教學方式就是靜靜地陪伴，給予他們探索與尋找自身道路的空間。孩子們常常提醒我們這樣的道理，有時候，他們只需要坐在我們膝上，感受到我們的存在與接納，即使什麼都不說，僅僅沉默的陪伴，也足以帶來安慰。

我們生活在一個信任日益脆弱的時代，許多人不再確定該如何建立真正的信任。或許，唯一的方法是先從自己開始——在自身內心找到信任的基礎，然後將它分享給身邊的人，包括家人、朋友，乃至日常的社交互動中。當我們願意放下那些早已不再適用的執著，讓他人看見一個無需偽裝、毫無屏障的自己，信任便會自然在我們心中生起。接著，我們也要學習如何在自己與他人之間培養、鼓勵這份信任。

佛教關於「放下執著」的教導，一直以來都讓人難以真正理解，然而這正是佛教的核心精神之一。它意味著向他人敞開心扉，是慈悲與友愛最深層的實踐。信任，是放下執著後自然帶來的果實。當我們能毫無保留、坦誠相見、全然信任對方時，便不再有憂慮、恐懼或猶豫。那種純粹的存在感，便足以讓人感到安然與幸福。

當然，並非所有人都值得信任，也不是每個人都能輕易擺脫那些遮蔽與扭曲現實的執著。在學會信任他人之前，我們必須先學會信任自己。這是佛教教義中反覆強調的觀念：唯有先利益自己，才能生起利益他人的智慧與洞察。我們每個人都有執著，有些根深柢固，甚至被視為生存的必要條件；也有些，是我們從未察覺的無意識習性。

我們每個人心中都有祕密，而最危險的，往往是那些我們連自己都不願承認的事實。我想讓你明白，我並不是在宣稱自己已經徹底覺悟——我向你保證，並非如此。

在我與太太最後相處的那段日子裡，我不斷嘗試理解、辨認與面對自己的執著。我們一起學習如何放下，以及在什麼時刻放下。今天這場講座，就是我持續探索這個課題、嘗試面對並處理它的一種方式。

我的生命中，有許多人在離世前，我未能好好與他們告別。我常常想，若能再有一次機會，我想對他們說些什麼，把那些未解的心結與未曾出口的情感傾訴出來。但遺憾的是，在大多數情況下，我們往往已經錯過，錯過了彼此曾擁有的寶貴時光。

第十七講　悲心

我的祖父與外祖父在我出生前便已去世，但我的曾祖父活到將近九十七歲，我記得他是一位令人印象深刻的人。他曾在南北戰爭中擔任鼓手男孩（按：在南北內戰中，於軍隊裡用鼓點傳遞命令的少年，在美國文化中具有浪漫與犧牲的雙重象徵），在我幼年時的眼中，這是一件令人興奮的事。我想像著：他在歡呼的人群前，帶領著一隊士兵遊行。直到我讀了十九世紀美國哲學家查爾斯・皮爾斯（Charles Pierce）——美國偉大思想家之一——的著作後，我才開始理解作為鼓手男孩較為黑暗的另一面。

皮爾斯與我的曾祖父一樣，也曾是南北戰爭中的一名鼓手男孩。對戰場上的年輕人和少年們來說，這不是愉快地走在大街上遊行，而是一項嚴肅且極其危險的職責。他們身處前線，主要任務是以響亮的鼓聲向部隊傳達「撤退」、「前進」、「向左」、「立定」等指令。皮爾斯回憶道，擔任鼓手男孩期間，他多次目睹士

「慈悲」一詞的意思是「共同受苦」。其中，「passion」源自拉丁文，意味著「痛苦」，而前綴「com-」則表示「一起」。

兵毫不猶豫地衝上前去援救他人，完全不顧自身安危。由此，皮爾斯對人性有了深刻的體悟，並得出結論：悲憫之心是人類心靈的一部分，在某些情況下，它會自然而然地湧現，無需任何訓練或指示。相較之下，戰鬥與殺敵則需要教導，軍人必須經過訓練才能執行這些行動。

英文「**compassion**」（悲心）一詞最基本的含義是

「共同承受痛苦」。現在，我們將「passion」（熱情）一詞理解為意圖、強烈的渴望、熱忱或性欲；然而，它最古老的含義及字根卻帶有「受苦」的意思，而前綴「com-」則意味著「共同」。皮爾斯在戰場上看見那些士兵無私表現出的悲心，正是源於一種「共苦」的連結。

「同理心」有時被視為是「悲心」的同義詞，但我認為這並不是最貼切的用法。同理心意味著知道他人正在受苦，但不一定會轉化為具體行動。而在皮爾斯的經歷中，悲憫心是身處相同境遇的人對他人立即伸出援手的反應。這也正是為什麼達賴喇嘛曾說，悲心只能在彼此平等的人之間產生。舉例來說，我從未失明過，儘管我可能對失明者抱有同理心，但不可能完全體會他們的世界。

觀察盲人之間的互動非常發人深省，他們彼此以悲心相待，但不會過度幫助，而是給予尊重。記得有一天我在等紅綠燈變換，準備過馬路時，兩位盲人拄著手杖走到我身後。讓我驚訝的是，其中一人問另一人：「現在幾點了？」對方立即準確答出時間。他回答得十分俐落，似乎還帶著一絲自豪，彷彿在暗示，不需要視力也能辨識時間。我好奇他是怎麼知道的，接著便注意到他戴著盲文手錶。燈號改變時，他們停下來聆聽車流聲，然後平靜自若地一起穿越馬路。我無法想像在一片黑暗中與友人穿越繁忙街道是什麼感覺，但他們顯得毫無畏懼，完全和諧且相互信任。

我的一位朋友經歷了人生中的重大悲劇：他十六歲的兒子因一場事故，導致頸部以下癱瘓。這名年輕人在醫院裡住了好幾個星期，我前去探望時，發現他與另外三名同樣癱瘓、正在接受治療的青少年住在同一間病房，四個人彼此交談不斷，還相互開玩笑。如今我明白，那正是悲心的展現——一種建立在共同苦難之上的連結。他們以平等的方式對待彼此，不帶憐憫、不談身體限制。當醫院允許我朋友的兒子出院時，他感到極度絕望，因為一旦回到家中，他將不再身處一個與他命運相同的群體裡。他知道，自己將成為被憐憫的對象，受到父母無微不至的照顧；但那樣的照顧，會讓他陷入孤立。他真正渴望的是，與他同病相憐者之間的悲心——能像普通青少年對待朋友般，與他開玩笑、互相支持的人。

當我開始進行監獄探訪時，很快便意識到自己無法對囚犯產生同樣的悲憫心，因為我的生活實在與他們相去甚遠。然而我發現，透過禪修的練習和我們之間的對話，有助於他們相互展現悲心。對我而言，一個難忘的學習時刻，便是聽一位囚犯講述他在獄中生活所受的折磨。他和二百人擠在一個睡上下鋪的大房間裡，對那些共處的獄友充滿厭惡，抱怨他們的鼾聲、夢中驚叫、整夜不熄的刺眼燈光與吵雜的談話聲——這一切讓他憤怒不已。

某一夜，他實在難以入眠，決定在床上閉眼打坐。就在那個當下，他忽然意識到：房間裡的每個人都和他一樣在受苦。他睜開眼，注視著周圍那些因入獄而失去一切的男人——他們為過去的行為感到羞愧，對未來充滿恐懼。忽然間，他對這些人產生了悲心，不再感到憤怒、怨恨和不安。從那一刻起，他開始主動接觸其他囚犯，尤其是那些二十多歲、面臨數十年刑期的年輕人。據了解，這個年齡層的囚犯自殺率是全美最高的。他開始尋找那些深陷憂鬱的人，陪伴他們。唯一能吸引他們興趣的是一個小型西洋棋盤——他利用這個棋盤幫助他們從絕望中轉移注意力。這位囚犯的努力拯救了許多生命，因此被稱為「監獄菩薩」。

上面這些悲心的行為發生在極端情境中——比如戰場或高度戒備的長期監獄。而我們大多數人相對幸運，從未經歷過這類困境。這是否意味著我們無法對那些身處困境的人們生起悲心呢？佛教教導我們：眾生皆苦。每個人都有不滿的時刻，也都要面對疾病和衰老。作為人類，我們共同承擔生活中的種種艱辛。雖然每個人經歷不同，但「人性」將我們彼此連結在一起。

我已年屆九十，身體逐漸失去平衡，只能依靠拐杖或支撐物行走。有一段時間，看到其他同樣拄著拐杖的老人令我痛苦，甚至會試著避開視線，不去看他們。最近，我想起那位囚犯給我的啟示——他在那個擁擠的牢房裡，對那些曾經憎惡和抗拒的人生起了悲心。於是我明白，老人年邁的身影不僅提醒著我身體機能的衰退，也暗示著我們是同病相憐的同伴。所以，現在當我與另一位同樣拄杖而行的老人對視時，我會試著微笑點頭。我決心不再逃避，也不再因為看到與自己處境相似的人而感到消沉。

幼兒需要與「平等的人」相處，也就是和他們年齡相仿的孩子。我們常說孩童需要「玩伴」，這不僅僅只是「玩」那麼簡單，而是一種更深刻的需求——他們需要那些同樣面對孩童生活的同伴。然而，隨著年齡增長，我們逐漸忘記了無法像他人那樣輕而易舉做事的感覺，忘記了被高大身軀包圍時的渺小，或是被人抱著四處走動時的無助；也忘記了被告誡不能碰觸感到好奇的東西時感到的失落，以及不斷面對從未體驗過的新事物時所生起的困惑。

誰才是最能幫助孩子學會撿球、投球的人呢？我不再感到奇怪，為何孩子們一見到同伴就會互相吸引。對我而言，他們需要的正是彼此間的悲心——一種只有平等之人才能給予的悲心。孩子們能夠透過觀察和他們同樣在努力學習的同伴而快速成長。隨著青少年時期的到來，他們對朋友的需求愈加強烈。而儘管我們都曾經是青少年，但我們無法像他們一樣，徹底理解處於那個生命階段的感受。

人在每個生命階段，都需要來自「平等之人」的悲心。不過，因為男性有競爭的心理，想證明自己更優越，害怕被認為缺乏力量與能力，因此男性似乎較難接受來自其他男性的同情悲憫；而女性在感到被剝奪平等表現能力的機會時，則需要被慈悲對待。

那麼，誰最能提供這樣的慈悲呢？正是那些每天都要面對同樣問題的人。不過，如果我們覺得自己並沒有面臨與戰士、囚犯或殘障人士相同的境遇，很可能會誤以為悲心與自己無關，不用去談論它。然而，在社會的各個階層，都有許多需要我們去關懷的地方。

成千上萬的人找到了來自「平等者」的支持團體，例如：酗酒者、成癮者的家庭、賭徒、易怒者、有自殺傾向者等。其實，尋求支持也不必總是基於負面角度，比如佛教就鼓勵將禪修與誦經作為一種集體修持，佛、法、僧三寶之一的僧伽（Sangha），即是需要專注精神與修行的群體。

我開始與千崎如幻禪師（Nyogen Senzaki）在洛杉磯市中心禪修時，注意到當某位女性在場，大家的專注力會更加集中。我從未察覺到她有任何特別的舉動能產生這種影響，但她僅憑自身的存在，就能無言地支持，慈悲地陪伴我們這些努力修行、致力於改善生活的人。老實說，要承認自己與其他許多需要幫助的人並無不同，確實需要勇氣。

越戰紀念碑在華盛頓落成時，我曾前去參觀。由於媒體對它的評價褒貶不一，我不確定會看到什麼。起初，這紀念碑看起來並不顯眼，只是一面設在開闊場地凹陷處的牆；但當我走下斜坡，牆體逐漸變高，上面刻滿了數千名越戰陣亡者名字的景象，令我震撼不已。我站在那裡，淚水盈眶——這面牆傳達了多少生命消逝的訊息啊！我想像著：如果刻滿所有在戰爭中犧牲的越南婦女、兒童及其他人的名字，這面牆會有多麼巨大！這面紀念碑也表明，藝術家往往能以獨特的方式呈現我們周遭的現實，讓我們更直觀地感受與體會它。那天，所有站在那裡仰望紀念碑牆的人，都感受到了悲傷與痛苦。那一刻，我們這群陌生人一起承受了戰爭帶來的苦難。可以說，藝術家創造了一個能喚起悲心的空間。

在佛教中，菩薩是體現悲憫心的最高典範。即便他們的修行已使他們有能力進入涅槃，超脫世間一切束縛，但他們仍選擇生生世世不斷輪迴。這其中存在一個問題：如果聖者或救助者遠遠超出了我們的層次，他們真的能幫助我們嗎？當菩薩擁有如此卓越的智慧與能力時，他們還能與我們平等相處嗎？佛教思想家也注意到這一問題。有人提出，菩薩為了能夠持續輪迴，幫助眾生，必須保有某種程度的無明或者保留一些普通人的經驗。（按：即「留惑潤生」）唯有如此，他們才具備重生的條件。

這讓我聯想到《絕地救援》（*The Martian*）這部電影。電影中，一名太空人為了讓太空船避開猛烈的沙塵暴和可能的毀滅，被留在了火星上。隊友們原以為他已在風暴中罹難，直到他設法發出求生信號，透過地球上的望遠鏡被接收，才發現他還活著。然而，時間是一個大問題，因為可供他生存的資源僅能維持數月，因此唯一可能的救援，是搭上正在安全返回地球的太空船。太空船上的其他太空人必須作出決定，對於同伴被單獨留在行星表面，他們都理解並感受到他焦灼的心情。最終，他們出於悲憫，選擇折返，甘冒生命危險，再次回到與那個孤獨的身影相同的困境之中，共同面對險惡的環境與挑戰。這個故事所傳達的，就像菩薩已達到可以安然進入涅槃的境界，卻為了幫助他人，一次又一次地選擇回到世間，面對人間種種苦難與無常。

我們每個人，要如何活出充滿慈悲、與他人共享經歷的生活呢？對於那些尚未擁有我們所擁有知識的人，應該如何教導他們？如果沒有共通的生活課題，在你閱讀我的文字時，我又該如何傳達出有意義的訊息？舊金山禪修中心的鈴木俊隆禪師（Suzuki Roshi）經常提到「初學者的心」。這是一種生活的修行：隨時準備好迎接任何經驗，像初學者那樣，不被先入為主的觀念所束縛。這實際上是一種極為不易的修行。

在社群媒體上，「跳脫框架」的行為經常受到讚譽，但這意味著什麼？是否只有達到一定的知識與成就時，才能跳出「框架」？這是讓自己的「思惟」跳脫對現實的既有認知、信念和結論的方式嗎？還是說，應該放下既有的觀念，試著在感官體驗中，創造一個全新的起點？而我們，能否擁有一顆「初學者的心」，對任何可能性都保持開放呢？這，或許是邁向悲心的一個關鍵起步。

當我們重新起步時，要把自己置於與每個人平等的位置，包括那些年幼的孩子。孩子們並沒有幾十年的人生經驗可供借鑑，該如何行動無從依循。因此，如果悲心僅能在平等的基礎上產生，那麼我們必須設法貼近他人的當下處境。

我們無法預知下一刻會發生什麼。雖然我們試圖去想像未來，卻很少能勾勒出它的真實面貌。我們都走向尚未看見的未來，走向未知的黑暗中，在那裡我們無法得知陷阱、危險、機會或喜悅何在。在這方面，我們共同經歷著相同的處境。這就是為什麼我們需要朋友、家人，以及一個能夠相互支持的社群，可以平等地一起面對未來的挑戰。

我不再擔心到哪裡尋找我的平等者與悲心，因為它們就在我周圍。在踏向未知未來的關鍵時刻，我們每個人都是平等的，都是悲心的潛在擁有者。

結語

緣起於言，承續於行

當我準備將這些講座內容付梓出版時，彷彿為它們注入了新的生命，助我能以更客觀的方式審視自我。在最後的編輯過程中，我偶然收看了一檔名為《南方說書人》（Southern Storytellers）的美國系列節目。這個名稱恰如其分地描述了我與講座的關係。多年以來，我對教學的熱忱，本質上就是對說故事的熱愛。而當我一遍又一遍地閱讀與整理這些講稿時，愈發意識到，這些講座其實就是一連串的故事。隨著時間推移，我對敘事的渴望愈發強烈。我已然明白，當美國西來寺住持慧東法師鼓勵我在講座中分享更多個人生活與經歷時，他其實是為我打開了一扇說故事的大門。對我而言，唯有透過講述故事才能分享人生與思想。如今，當我寫下這篇簡短的結語時，它竟也成為了一則關於這場講座的緣起故事。我的故事，有些來自於所聽所聞，我不過是將它們轉述、傳遞。然而，在這些講座中，我發現許多故事並非來自他人，而是源於我的親身體驗，因此，它們是真正屬於我的原創。

佛教是一個充滿故事的宗教。無數關於佛陀過去世的故事（本生經），他今生從誕生到涅槃的種種事跡，以及說法的時地因緣；以及後世比丘、比丘尼的生平傳記，乃至各宗派祖師大德的行儀，這一切共同構成了佛教的核心。相傳，阿難尊者將佛陀的教法謹記於心，最初以口耳相傳，後世方集結成書面經典。而這些講座亦然，最初以口語形式呈現，如今則化作文字印行出版。然而，當語言化作文字，難免有所遺落——語調的抑揚、語句的頓挫、身體的姿態、面部的神情，這些細膩且富有情感的表達，終究難以盡錄於字裡行間。然而，文字自有其力量。每一位讀者都能透過文字，以自己的方式轉化與體悟其中的意涵。如今，科技已能夠保留演講的影像，錄音則能捕捉語音的高低起伏與情感流轉。透過這些技術，講說的當下得以被重現，使人彷彿回到那一刻，與思想交會，與故事共鳴。

科技日新月異，那麼，書籍的出版究竟有何意義？身為作者，我無從得知讀者是如何閱讀這些講座內容的：快速瀏覽、品味語句，抑或透過各自的視角解讀其意涵？對一位作家而言，能將文字付諸於世已然滿足，不必執著於要控制文字在何時、何地、如何被使用。說書人和敘述者向聽眾傳遞言語，但他們亦無法左右文字究竟如何被理解。倘若你已閱讀本書的一部分，那麼這經歷便屬於你；其中的價值與意義，完全取決於你自己。正是讀者，賦予了文字意義。我的初衷在於探索佛教思想如何在人類境遇中找到其立足之處，而今，我已完成了將這系列講座出版成書的使命。焦點也因此轉向閱讀此書的你：

你將如何詮釋這些文字，又將如何把這份理解轉化為自己的行動（業）呢？

附錄

面對痛苦與困境的深度對話

《今日心理學》訪談（一）——

佛學老師如何面對自身的痛苦

編者按：本文原載於二〇二三年十二月十五日《今日心理學》（Psychology Today），專訪由整合與全人醫學專家克里斯．吉爾伯特（Chris Gilbert, M.D., Ph.D.）博士主持。其著作《聆聽療法：非傳統醫生的治療秘訣》（The Listening Cure: Healing Secrets of an Unconventional Doctor），於二〇一七年由 SelectBooks 出版。

上個月，我拜訪了九十一歲的加州大學柏克萊分校佛學教授路易斯・蘭卡斯特（Lewis R. Lancaster），問及他如何面對自己的痛苦、疾病、衰老和死亡。教授的回答令我深受感動，因此決定分享他的見解。

首先，蘭卡斯特教授是誰？

蘭卡斯特教授是加州大學柏克萊分校東亞語言與文化系的終身榮譽教授，曾任該校佛教研究系主任。他更是韓國《高麗大藏經》編目創建與數位化的核心推動者，因其對佛教研究的傑出貢獻，於二〇一四年榮獲韓國佛教教團大獎。教授將一生的絕大多數時光都致力於佛教的研究與教學。

教授目前正與其台灣團隊合作，致力於翻譯一套佛學辭典。

幾個月前，教授前往台灣，參加了一場表彰他在佛教研究生涯卓越成就的慶典。然而，他回美後不久，健康狀況就出現問題，需要在專業護理機構療養數月。我正是在他慶祝九十一歲生日後的這段時間採訪他的。

我很好奇，對於一位終生研究、教授佛教的學者，如何面對自己的病痛、衰老和即將到來的死亡。

因此，以下是我的提問和他的回答。

一、長年的佛學研究與教學，使您面對年老有何影響？

多年來，我一直教導佛教中的三大信使：疾病、老年與死亡。從哲學角度來探討較為容易，但當我親身經歷時，體會卻截然不同。我必須與疾病共處數日、數周甚至數月，與老年共度餘生，別無選擇。因此，我不禁自問，這些信使究竟要教會我什麼？

我領悟到，老年、疾病、痛苦與疼痛的存在是不可或缺的，提醒我們不要過於自傲。我們時常沉浸於掌控世界的幻想中，但這些信使讓我們認識到，疾病、衰老與死亡是無法避免的，無論如何，都將會以某種形式面對它們。我們認為能掌控的力量，其實是既有限又短暫的。

二、您害怕死亡嗎？

我並不害怕死亡。我曾與一位朋友共同前往澳大利亞擔任顧問。在回程的飛機上，我的朋友因心臟病突發不幸離世。當我和空服員試圖幫助他時，他微笑著向我們致謝，隨後低下頭，就這樣安詳地往生了。

目睹他如此迅速地離世，我想：「這不算太糟，當我的時刻來臨時，我也能做到。」因為當死亡真正降臨時，我的意識將早已消失，所以根本無法經歷那一瞬間。

因此，我不再擔心死亡的來臨，因為我認為它相對簡單。真正令人難以應對的是疾病、疼痛、苦難和老年的漫長折磨。

三、您如何應對自己的老病和苦難？

苦難是生活的一部分，關鍵在於如何應對它。

有時，疼痛會如此強烈，讓我無法思考任何事情，腦中只有「我很痛」。當這種情況發生時，我明白自己只能忍受痛楚，別無他法。有時，我發現當自己深陷疼痛之中，思緒會轉向房間裡的一處細節或其他念頭。我意識到，只要專注於其他事物，疼痛就隨之消失了。我試著提醒自己，所謂的痛苦，只是自我認知中的一種感覺。

我學會了觀察自己的念頭：在每個當下，我只能擁有一種體驗、一個念頭，而多種體驗或念頭無法同時並存。真正的問題在於念頭的相續性。我們的念頭看似連貫，實則如電光石火般片段而短暫，彼此獨立，轉瞬即逝。一切皆為瞬間，包括痛苦。瞬間是我們所擁有的一切。大腦或許將其視為連續，但每一刻僅屬於當下，下一刻已然不同。

上個月，當我陷入劇烈疼痛時，我兒子來探望我，握住了我的手。雖然他的手無法緩解疼痛，但卻帶來了莫大的安慰，使痛苦變得可以忍受。而當我獨處時，我必須尋找另一種安慰。

這是應對痛苦唯一的解藥。每個人都會找到屬於自己的解藥，讓痛苦變得更容易承受。

四、您如何面對色身的衰老？

衰老如同「長大」。我曾以為人到了某個年紀便會停止長大，但事實並非如此。每天我們都在成長，每天都在變老，體力也有所變化。我們需要學會接受老去，而不是對此心生怨懟。

如今，老年已成為我的摯友，因為它是我與死亡之間的唯一界線。

五、您提到的三大信使：老、病和死。是否還有第四位信使？

是的，在面對人生經歷時，一顆能夠超越疾苦，保持冷靜、平靜而專注的心。

六、人們或許會問：在充滿恐怖的世界裡，如何才能保持冷靜與平靜，而不心煩意亂、焦慮或恐懼？

人們達到這種平靜的方式各不相同，每個人都有自己的方法。若你能保持冷靜、平靜與專注，生活將更加美好。這就像進入了「心流」狀態。我可以將其比作科比．布萊恩在打籃球時的狀態。當科比處於「心流」中，他不再以常規模式思考，而是純粹地體驗一即一切的境界。

七、您希望人們記住您的哪些教誨？

並非我在教，而是人們自我學習。我試圖創造一個空間，讓人們去體驗，而他們所領悟到的，完全屬於自己，而非他人。

透過觀察閃現的各種念頭，你可以專注於每個當下。沒有一瞬是恆常的，也沒有任何情緒是永恆的。你不會一直快樂，也不會永遠悲傷。一切都在不斷變化。當你快樂時，你必須意識到它終將消逝。如果你執著於快樂，那麼當快樂褪去時，痛苦會愈加深重。

因此，盡量放下期待，每日醒來，告訴自己：「我不知道今天會發生什麼，但我會順其自然、隨遇而安。」

《今日心理學》訪談（二）——

應對困境和絕望的妙方

編者按：本文原載於二〇二四年一月五日《今日心理學》（Psychology Today），專訪由整合與全人醫學專家克里斯·吉爾伯特（Chris Gilbert, M.D., Ph.D.）博士主持。其著作《聆聽療法：非傳統醫生的治療秘訣》（*The Listening Cure: Healing Secrets of an Unconventional Doctor*），於二〇一七年由SelectBooks出版。

當加州大學柏克萊分校的退休佛學教授路易斯．蘭卡斯特（Lewis R. Lancaster）入住一家專業療養院，進行為期五個月的復健時，他從未料想，自己將步入一場宛如地獄的深淵，無助如陰影般籠罩，墜入絕望的低谷。

儘管身處困境，蘭卡斯特教授依然成功度過難關，維持心境平和。他經歷了哪些挑戰？又是如何保持清醒與理智的呢？

一、當您在專業療養院度過五個月時，有哪些情況是您沒有預料到的？

我完全沒想到專業療養院裡竟然住滿了失智症【1】患者。我被安排與另一位病人共用房間，而這名男子整夜不停地喊叫，讓我根本無法入睡。直到我因感染抗

【1】失智症是一種漸進性的認知功能喪失疾病，其特徵包括記憶衰退、溝通困難、判斷力下降，以及思惟混亂。這種疾病最常見於六十五歲及以上的人群，其退化程度遠超正常老化過程。失智症患者可能喪失情緒調節能力，尤為易怒，並且個性可能因此發生改變。

藥性金黃色葡萄球菌（MRSA）引起的肺炎，被安置在隔離病房。反而因禍得福，我終於能獨自待在一間房間裡，晚上終於可以睡個安穩覺。

但在我康復後，又被轉移到另一間有室友的房間，結果再次陷入無眠之夜——走廊上的喊叫聲和室友整晚的喧鬧聲此起彼落，我再次徹夜難眠。

二、你是如何忍受徹夜的喊叫聲？對我而言，這聽起來宛如地獄般的折磨。

床邊整夜此起彼伏的喊叫聲，確實令人煎熬。然而，我選擇將這些聲音化為靈感。我想像這些聲音象徵著世間的所有苦難，是人們在呼喚他們的痛苦、尋求答案與希望。這提醒我，需要繼續撰寫有關苦難的文章。因此，我開始著手創作一本全新的佛學書籍。

三、在過去的五個月中，您還面臨過哪些困難？

（一）與部分護理人員的相處困難

根據我的經歷，有些護理人員，尤其是我的物理治療師和職能治療師，既善良又敬業，他們全心全意地幫助我們，這種投入讓人倍感溫暖。然而，也有一些護理人員似乎缺乏同理心。當我急需去洗手間時，有些人會立刻趕來，這令人非常欣慰；但也有些人僅僅露面，隨口說一句「馬上回來」，而一小時後我還在等待。

那麼，你會怎麼應對呢？

有些病人可能會對理應幫助他們的工作人員發火或大聲抱怨，但我不生氣。我努力保持理解的態度。這些在護理機構工作的人，生活本身已經非常不易，他們又缺乏情感上的支持，甚至可能比我的處境更加艱難。因此，我對他們充滿同情。這就是我的應對方式。

（二）瑣事變得「舉足輕重」

另一個我面臨的困難是無法離開療養院。即使家人想帶我到附近的公園走走，只是待上一個小時，也是被禁止的。我只能在需要看診時才被允許外出。即便醫院就在療養院對面，我仍必須由救護車護送。

由於缺少外界的各種干擾，許多細小的事情都變得格外重要。比如，當我找不到牙刷時，就會成為一個大問題。我必須時刻提醒自己，否則這些微不足道的小事也可能引發過度的焦慮。

我的應對之道是專注於當下的覺察。當我意識到自己正讓一件小事占據了整個身心時，我會告訴自己：「找不到牙刷，或者找不到櫥櫃裡那件特定的襯衫，並不是世界末日。」這樣，我能以全新的視角看待問題，隨之而來的困擾便會縮小。我發現，透過這種視角的轉變，那些看似重要的小事其實並不影響我的生活，我完全能夠度過這些小困難。

（三）絕望時刻

在這段時間裡，我歷經過數次絕望時刻，因為我無法掌控自己的生活。身體無力、內心孤寂，彷彿被困在一座無法掙脫的牢籠。我注視著自己的身體，不禁自問：「我還能自己站起來嗎？」答案或許是「不行」。從無助到絕望，情緒的漩渦讓人越陷越深。

我必須努力抵擋這些絕望的念頭。每當它們浮現時，我會告訴自己：「這就是人生，你必須接受它。即便感到無助與絕望，你仍然可以採取一些行動來擺脫消沉。」於是，我開始投入新的研究，給朋友發電郵，或者打電話與人交流。這些細微的行動確實幫助了我，讓我不被絕望吞噬。

（四）對時間的感知變化

接著，「時間」成了一個問題。我的時間感變得異常緩慢，甚至無法確定當下是何日何時。有些事情，我以為已經過去了很久，但實際上只是昨天才剛剛發生。在療養院裡，時間彷彿被無限拉長，度日如年。短短十分鐘的等待，對我而言竟像是一場永恆，我很難保持對時間的準確感知。

那麼，我是如何應對時間的遲滯感呢？我強迫自己從更正確的角度看待時間。我意識到，時間的本質在於我們賦予它的意義；而我們對時間的感知，實際上源於我們的思惟方式。當我專注於當下，提醒自己活在當下每一刻，時間便不再顯得那麼漫長。我開始將注意力放在對此刻的體驗，而不是為時間的流逝感到焦慮，這使得時間變得更加充實且可控。

本次訪談的啟示

儘管蘭卡斯特教授身處一間經常人手不足的專業療養院，與精神病患者共度了五個月，他依然設法守住了內心的清明與平和。

教授向我們證明，雖然我們無法掌控那些降臨到自己身上的境遇，但我們可以選擇如何看待，亦可選擇以何種方式回應。

訪談錄——

教授的日常與學術人生

編按：本訪談分為三個部分，深入呈現蘭卡斯特教授的個人生活、家庭背景、成長經歷與學術生涯。此外，教授亦受邀分享他對人間佛教的洞見，以及對未來佛學研究發展的展望。訪談由西來大學人間佛教研究中心成員方森（**Fong Sam**）、張曼迪（**Mandy Zhang**）與其他研究人員共同完成。

一、個人生活與學術歷程

我是西來大學人間佛教研究中心的方森（Fong Sam）。今天，我十分榮幸能代表大家，向蘭卡斯特教授提出一些或許大家早已好奇、卻始終未曾有機會探問的問題，藉此讓我們對教授有更深入的了解。

（一）您在哪裡出生，在哪裡長大？

我出生在美國維吉尼亞州，這對我的人生影響深遠。當時正值美國南方實施極端的種族隔離政策，這樣的社會環境形塑了我早期的世界觀與價值觀。即便那時我還只是個孩子，我始終無法理解那樣的制度。我記得有一次在學校，一位同學說，他絕不吃黑人碰過的食物，因為他認為那樣的食物是「髒的」。這番話讓我十分困惑。因為我們家中就有一位黑人女性負責烹飪，我們每天吃她做的飯菜。我心想：「她做的飯並不髒，她本人也一點都不髒。他究竟在說些什麼呢？」這樣的想法，對我來說，始終難以理解。

我出生於一九三二年，正值美國經濟大蕭條的艱難時期。隨後，第二次世界大戰接踵而至。因此，在我生命的最初歲月裡，整個國家不斷面對一場又一場的重大危機。如今回想，那段時光確實艱難。

（二）自新冠疫情爆發以來，您一直與姐姐同住在加州太平洋帕利塞德斯（Pacific Palisades）地區。能否請您談談這位姐姐，以及其他家人的近況？

我的姐姐，大家都叫她 Gerry。對我而言，她一直是非常特別的存在。我們雖然年紀相差七歲，卻恰好在同一天出生，因此共享著同一個生日。我們家共有六個孩子，她是老大，我排行第三。從小到大，她一直是我心目中的大姐姐，總是做些令人嚮往、令人佩服的事情。她是家中第一個離鄉的人，勇敢地邁向更廣闊的世界。當年她獨自前往加州，在洛杉磯落腳，並成家立業。一九五四年，我從維吉尼亞大學畢業後，決定搭火車橫越整個美國前去探望她。那時候，她住在比佛利山莊（Beverly Hills）。

最初，我曾考慮前往德克薩斯州達拉斯的南方衛理公會大學（Southern Methodist University, SMU）攻讀研究所。然而，當我在途中停留達拉斯時，覺得那裡天氣酷熱，環境也乏善可陳。於是，我先在姐姐家暫住了一個月，最後決定留在加州。八月，我因對宗教產生濃厚興趣，便前往南加州大學（University of Southern California, USC）的宗教學系。當時，我向校方表達了希望下個月入學的想法，他們就這麼答應了。如今，許多人為了讓子女進入南加州大學，不惜斥資甚鉅，甚至鋌而走險；而我當年只是走進校園，說了聲想讀書，他們就幫我辦好了入學手續。

這便是我初次接觸佛教的因緣。

（三）我知道您的太太對您來說是多麼的特別。能否請您和我們分享一些關於她，以及您子女們的事情？

是的，今天正好是她的生日，所以我格外思念她。這段回憶，也與我當年來到加州的故事有關。她於一九三二年出生在好萊塢，和我同年，不過比我早出生五個月。我常開玩笑說，我娶了一位「比我年長的女士」。當時我還在南加州大學念書，看到一則校園附近的招租廣告，便決定搬去那裡住。沒想到，其中一位室友正是我太太露薏絲（**Lois**）的哥哥，他也在宗教學系就讀。我們漸漸熟絡起來，有一天，他堅持要我陪他去墨西哥蒂華納（**Tijuana**）看鬥牛。他有個朋友立志成為鬥牛士，甚至買了一頭公牛，在蒂華納一座小型鬥牛場安排了一場表演。他哥哥便邀了幾位朋友同行，其中就包括他的妹妹露薏絲。我知道這聽起來有些荒誕，畢竟我根本不喜歡鬥牛，但就是在蒂華納的鬥牛場，我第一次遇見了她。

我有兩個孩子，一兒一女。我和妻子結婚時，我們都還在讀研究所——她在加州大學洛杉磯分校（UCLA）攻讀藝術，我則在南加州大學的宗教學系。那時我們一貧如洗，儘管兩人都在打工，生活仍然十分拮据，但我們還是決定結婚。她總是勇敢無畏，從不為貧窮所困。有一天晚上，我們想去看電影，但身上沒錢，只剩下一個裝滿一分錢的小豬撲滿。我說：「我做不到，我不能拿一堆硬幣去買票。」

她卻笑著說：「你躲到角落去，我來拿硬幣去買。」她真的就這麼做了。她是一位勇敢、可愛又了不起的人，也是一位才華出眾的藝術家。她一直是我堅強的後盾，支持我追尋理想；我也全心支持著她的夢想。沒有她，我不可能走到今天。

（四）您的太太如何看待佛教？

她比我先一步對佛教產生興趣。當年她在史丹佛大學選修了一門比較宗教課程，正是在那堂課上，她初次接觸到佛教的思想，並深受吸引。所以在這方面，她比我早了好幾年。

我經常和她分享我的研究，她也總能給出寶貴的回饋。說起來，我帶著她四處奔波，她實在受了不少委屈。在我攻讀學位的那些年裡，我們搬過許多地方，而她始終陪伴在我身邊，不離不棄。孩子們也跟著我們東奔西走。我對我的家人充滿感激。他們願意陪我走過這段並不輕鬆的旅程，特別是在經濟拮据的情況下。那段時間，我總是忙得不可開交，還要應對學期論文和各種學術壓力，經常難以在情感上給予他們應有的關懷。

（五）我曾多次聽您在講座中提到籃球。請問您是體育迷嗎？平常會看哪些比賽？您年輕時有參加過什麼運動嗎？

我在高中時打過球，但之後就沒有再參與了。雖然現在看來並不特別，但在我那個年代，身高六英尺已經算是高個子了。我球技其實並不怎麼樣，不過因為學校規模不大，所以還是進了籃球隊。

我當時擔任後衛，但我的運動生涯卻在一場災難性的比賽中畫下句點。那場比賽是對上我們的宿敵，比分咬得很緊。就在比賽結束的最後一刻，我被犯規，獲得了罰球機會。只要進一球，我們就能追平比分，進入延長賽。可惜，我兩球都沒能投進。自那以後，我始終未被隊友原諒，而我的高中籃球生涯，也就此蒙上一層陰影。從那之後，我對運動的熱情便逐漸消退。年輕時我對體育的投入，遠遠超過現在。

（六）您現在有什麼愛好嗎？

我從來不是一個熱衷於興趣愛好的人。生活總是忙碌，對我來說，發展嗜好似乎從來不是一個選項。不過，我和太太都成長於一九三〇年代，那是電影陪伴我們長大的時代。電影對我們來說意義非凡，我們幾乎每週都會去電影院。那時候，電影票只要十四美分，而且你想待多久就能待多久。有時候，我會趁家人去購物時，一個人走進電影院，一坐就是好幾個小時。當時的電影都很短，我常常一部片能看上三遍。可以說，我們是在對一九三〇年代電影的熱愛中長大的。如果說我曾有過什麼嗜好，那大概就是試圖把那個年代的每一部電影都看過一遍。

我喜歡那個時代的經典電影，像是《北非諜影》（*Casablanca*）、《貴婦失蹤記》（*The Lady Vanishes*），還有由勞倫斯·奧利佛（**Laurence Olivier**）主演的原版《傲慢與偏見》（*Pride and Prejudice*）。這一點，我和露薏絲可說是志趣相投。後來有了 **DVD**，我們便常常在家一起看電影。我們很珍惜這樣的時光。住在北加州斯廷森海灘（**Stinson Beach**）期間，還成立了一個電影俱樂部。這個俱樂部持續了好多年，我想我們和鄰居們一起看了超過一百部電影。雖然他們對一九三〇年代的電影興趣不算高，但我們還是繼續放映，因為我們真心熱愛這些電影。

（七）您提到自己曾經走訪世界各地，足跡幾乎遍布全球。請問，有沒有哪座城市是您特別鐘意、或者最想一去再去的地方？

我對倫敦情有獨鍾。在香港大學任教期間，也讓我對香港產生了深厚的感情。十八歲那年，我作為交換學生前往歐洲，住在英國，並遊歷了歐洲各地，那是一九五二年，當時歐洲大陸仍在從二戰中百廢待興，許多城市尚未重建，物資配給制度也仍在實施。那一年，我離開美國南部的家鄉，或獨自一人、或與友人同行，踏上歐洲旅程——這段經歷對我意義深遠，也塑造了今天的我。

在我的佛學研究生涯中，直到完成博士學位，我從未踏足過亞洲。這讓我意識到，這是我學術養成中的一大缺憾，因此我決心彌補這一空白。在柏克萊大學任教兩年後，我申請到一筆研究經費與教學休假，便攜家人展開亞洲之行。我們住在京都，也正是那段歲月裡，我對這座城市萌生了深厚的情感。

一九六九至一九七〇年間，我曾在韓國停留過一段時間。當時我正在應徵加州大學柏克萊分校的教職，面試官問我：「您能否開設一門關於中國、日本與韓國佛教發展的課程？」當然，為了得到這份工作，我毫不猶豫地答應了。事實上，在我過去的學術訓練中，從未有人提及韓國佛教，我對韓國可說是一無所知，學界對此也鮮少關注。意識到這個知識缺口後，我立刻趕往柏克萊大學圖書館，想方設法補強知識。然而，館藏中竟只有三本書稍微提到韓國佛教。其中兩本是英語著作，出自返國傳教士之手，對韓國佛教抱持極為負面的評價；另一本是日語文獻，作者是一位日本殖民學者，字裡行間流露出對韓國的貶抑與輕蔑。僅憑這三本書，我當時對韓國佛教的印象是：那裡似乎沒有太多可取之處。儘管如此，我仍決定親身前往一探究竟。當時，露薏絲與我們的孩子仍住在京都，我們也正是從京都出發，展開第一次的韓國之行。那是一段極為難忘的旅程，至今仍歷歷在目。

我從未見過像韓國在韓戰後那樣嚴峻的貧困景象。戰後，人們仍棲身於軍隊遺留下的鐵皮屋（Quonset huts），生活條件極為艱困，遠比我過去所見的任何情況更加嚴酷與悲慘。如今目睹韓國的蓬勃發展，令人難以置信。年輕一代或許無法想像，他們的祖輩曾在廢墟中掙扎求生，走過那樣動盪不安的歲月。當年的韓國幾乎被戰火夷為平地，整個首爾僅存一幢老建築未被摧毀——半島酒店（Bando Hotel）。據說，它得以倖存，是因為軍中將領需要一處可供暫歇的場所。若敢轟炸此酒店，便會在翌日清晨遭到處決，因為那是唯一能讓將領稍作歇息的地方。這家酒店也成了我初抵韓國時的落腳處。它有八層樓高，在滿目瘡痍的城市中格外顯眼。然而，最讓我印象深刻的，不是首爾的殘破，而是在旅途中深入山林、造訪海印寺與釜山等地時，所見到的佛教修行景象。韓國佛教展現出來的堅韌精神與內在力量，令我震撼不已。那種蓬勃的宗教活力與虔誠信念，與我在柏克萊圖書館讀過的三本對韓國佛教抱持負面評價的書籍，截然不同。

因此，我發願要完成兩件事：一是將韓國佛教納入正規學術研究範疇，促進其進入主流學術視野；二是釐清高麗大藏經之源流，使世人得以正確認識其歷史地位與文化意義。當時，這部大藏經長期為佛教界與學術界所依用，卻少有人知其實源出高麗雕版，而非日本《大正藏》。我希望讓世人了解韓國佛教深厚的寺院修行傳統。當然，這並非我一己之力所能完成。我的學生羅伯特・巴斯威爾（Robert Buswell）、趙成澤（Sung-taek Cho）等人，後來都成為實至名歸的韓國佛教研究權威。雖然我在這個領域享有一些聲譽，但真正的權威其實是他們，並非我本人。

（八）我覺得您過於謙虛了。我讀過您提到的幾位學者的著作，清楚知道他們深受您的啟發與影響。您在韓國佛教研究領域，確實是一位舉足輕重的奠基者。說到佛教，最初是什麼契機讓您走入這個領域的呢？

大學畢業後，我一直在思考未來的方向。我對宗教研究懷有濃厚的興趣，但成長於美國南部，那裡唯一能接觸到的宗教就是基督教。在整個童年歲月裡，我只遇過一位亞洲人——一位在維吉尼亞州從事養雞業的日本男子。對亞洲文化，我幾乎全然陌生，可說是一張白紙。這輩子見過的漢字也只有三個——那還是來自祖母書房裡的一張照片，照片中是一盞日本燈籠，上頭寫著三個漢字。

多年後，當我漫步於京都鴨川河畔，偶然見到了與記憶中相同的景象——那竟是一家日本旅館，我立刻認出，這正是童年時祖母書房裡照片中的地方。照片上的三個漢字，是我最早嘗試臨摹的文字，儘管當時既不懂它們的意思，也沒有人能告訴我它們的含義。

當我進入南加州大學（USC）後，選修了一門比較宗教課程，首次系統性地接觸到各類宗教傳統。而當課程講到佛教時，不知為何，我彷彿找到了一種心靈的歸屬。在這門課程中，我嘗試撰寫第一篇關於佛教的學期論文，希望如今已無人留有那篇拙作的副本。我曾與教授弗洛伊德．羅斯（Floyd Ross）進行深入討論。他是我人生中第一位遇見、也實際踏足過印度的學者，這點令我至今難忘，亦顯示當時的我確實天真且見識淺薄。羅斯教授著有《印度教與佛教中的生命意義》（*The Meaning of Life in Hinduism and Buddhism*）一書。我告訴他，雖然尚未真正理解佛教思想，但我已深深著迷於佛教語彙。像是「法」（*Dharma*）、「般若」（*prajñā*）這些名相，對我而言，這些詞彙既新穎，又極具啟發性，不受原有語言與文化的禁錮。它們彷彿為我開啟了一扇思想之門，使我能自在地探索種種觀念，擺脫基督教與西方語境的既定框架。羅斯教授聽後便建議我：不要只停留在閱讀文字，應親身實踐，嘗試修行的體驗。

於是我開始尋覓名師，終於在洛杉磯市中心的第三街找到一位日本僧人——千崎如幻（Nyogen Senzaki），美國禪宗的先驅之一。我十分幸運，能夠與他相遇。他每週五晚上會帶領一個禪修小組進行靜坐。他生活簡樸，居住在一間雙併住宅中，牆壁極薄，鄰居電視的聲音時常清晰可聞。我們通常會先靜坐，接著由他選讀一段佛經，並加以講解。每次禪修可長達四十五分鐘。這便是我對佛教修行的初次體驗。

（九）這真的是一個引人入勝的故事。您先前提到一些在您人生旅途中留下深刻影響的人物，而您自己也成為了許多人的良師益友。那麼，在您心目中，誰是啟發您最深的導師呢？

在佛教研究領域，我當然要感謝弗洛伊德．羅斯教授。他願意接納來自基督教背景的學生，並讓我自由探索佛教，這一點我至今銘記在心。後來，威斯康辛大學的理查德．羅賓遜（Richard Robinson）教授成為我第一位真正意義上的佛學研究導師，引領我踏入嚴謹的佛教學術研究。坦白說，我在南加州大學宗教學院修讀的學位課程，並未提供太多佛教學術研究的實質訓練。當時的課程多半是閱讀二手文獻，沒有人教我如何理解原始文獻與分析手稿。雖然我順利拿到了學位，但最後幾個月的經歷可說是頗不尋常。當時宗教學院仍隸屬於衛理公會，畢竟南加州大學原本便是由衛理公會創辦。後來，宗教學院整體遷至克萊爾蒙特（Claremont），並改名為克萊爾蒙特神學院（Claremont School of Theology）。因此，我所有的課程雖然都在南加大本部完成，但我的學位卻是由從未踏入過的新校區所頒發——可說是頗具戲劇性的一段經歷。

我的論文主題是禪宗。自從開始跟隨千崎如幻禪修以來，我便對禪宗產生了濃厚興趣，但當時的我尚未接受過正式的學術訓練。那時我已成家，剛迎來第一個孩子，是一個女兒，人生也走到了必須抉擇下一步方向的階段。我給了自己兩年的時間來思考。而要尋找一個適合深思熟慮的地方，還有哪裡比南太平洋的一座島嶼更理想？於是，我們全家搬到了剛剛成為美國一州的夏威夷。我在夏威夷工作了兩年，嘗試釐清自己真正想追求的目標。當地的夏威夷大學在清晨開設課程，我便利用上班前的時間，第一次學習日文，並與教授佛教課程的稻田謙德（Kenneth Inada）共事。最終，我作出了決定：我真的想攻讀佛教研究的博士學位。

問題在於：我該去哪裡？又該從何開始？當時的選擇寥寥無幾，我於是申請了倫敦的亞非學院（School of Oriental and African Studies, SOAS）。然而，那裡的研究資源其實十分有限，換句話說，多半得靠自己摸索前行。即便如此，我仍決定前往就讀。說也奇怪，我甚至沒仔細想過要怎麼籌措學費，但那時的我已一心準備啟程。就在這時，我收到一封來自威斯康辛州麥迪遜的朋友來信。他告訴我：「你知道嗎？威斯康辛大學麥迪遜分校正在籌備開設佛教研究的博士課程。」

威斯康辛大學的印度研究向來頗具聲譽，起因竟是有人在那裡開展熱帶農業研究。你能想像嗎？在天寒地凍的威斯康辛，他們建起大量溫室，並與印度進行廣泛的農業合作。透過這條非典型的路徑，印度研究逐漸融入人文學科領域。後來，他們從加拿大延攬了一位年輕學者——理查德．羅賓遜（**Richard Robinson**）。他曾就職於亞非學院（SOAS），並著手建立佛教研究博士項目。我又一次錯過申請時機——入學在即，我卻直到八月才遞交申請，因為消息來得太晚。但學校仍然願意給我機會，說：「我們給你一個學期的時間，證明你自己。」

於是，我與妻女開著我們的小菲亞特車踏上旅程。當時妻子已有七個月的身孕，腹中正是我們即將出生的兒子。我們一路翻山越嶺，來到人生地不熟的威斯康辛州。最終，我就在那裡取得了博士學位，並真正展開了佛教研究的道路。一開始我跟隨羅賓遜教授，後來又有亞歷克斯・韋曼（Alex Wayman）、愛德華・孔茲（Edward Conze）、尼尼安・史馬特（Ninian Smart）等學者相繼來到威斯康辛。他們都是亞洲宗教研究的領軍人物。其中，羅賓遜教授是我第一位真正的導師，他專攻中國佛教，曾著有一本關於《中部經典》（*Majjhima Nikaya*）在中國流傳的專作。不久之後，他告訴我他即將教學休假，屆時學校裡就沒有人可以繼續指導我。他建議說：「你應該去西雅圖，向里昂・郝理庵（Leon Hurvitz）學習，他當時正在翻譯《妙法蓮華經》。」於是，我與家人再次動身，驅車前往西雅圖。在那裡，我與當地的學者們共事了兩年。

里昂・郝理庵成為了我真正意義上的導師。他是一位語言天才，從不讓我事先準備，而是要求我即席翻譯中文原典。這對當時的我來說相當困難。我得當著他的面，一字一句查閱字典，好讓他準確看出我卡在哪裡。每當我冥思苦想如何將佛經從中文譯為英文時，便會到他家待上一整天。他的學生不多，幾乎只有我一人。他的妻子廚藝了得，每次我都能享用一頓豐盛的午餐，然後繼續待上一整天。我在一邊翻譯，他則坐在旁邊，將經文譯成蒙古文，再轉譯成日文，接著是希臘文、希伯來文、德文，最後譯成法文。偶爾他會抬頭看我一眼，問道：「你做完了嗎？」他簡直就是一座行走的羅塞塔石碑。從他身上，我學到了一件事：他並不是特別珍惜自己的天賦。他一心想成為哲學家，語言對他來說太過信手拈來。因此，他從未意識到這份才能的珍貴，也並未加以善加運用。

我在威斯康辛大學求學期間，愛德華・孔茲也來到了學校，並成為我的導師之一。他生性古怪，待人並不總是親切。他曾是一九三〇年代德國的共產主義領袖之一，但也帶有典型的德國人作風——他反猶太、反女權，身上有不少缺點。不知為何，我不像其他學生那樣懼怕他。他經常說些荒唐無稽的話，我卻只是笑笑，覺得挺有趣的。有一天，他問我：「你幾歲了？」我如實作答，他便說：「我在你這個年紀時，知道的可比你多得多了。」我相信他說的是真的，也只是一笑了之。正因如此，他接受了我。他和里昂・郝理庵一樣，花了許多時間指導我，把我寫的每一篇譯稿都批得體無完膚。每次我交出一篇翻譯，回來的稿紙上幾乎看不見原文，全是密密麻麻的紅筆批註，但我也從中獲益良多。

有兩個夏天，我前往英國，住在孔茲教授與他妻子位於薩默塞特（Somerset）的鄉間小屋。他帶我前往劍橋圖書館與英國印度事務部圖書館（India Office Library），向我介紹古籍以及如何進行相關研究。那段經歷令我感到無比興奮。由於他不懂中文，作為回報，他請我協助將《般若波羅蜜多經》由中文翻譯給他看。我已盡力而為，但他經常搖頭說：「不，不，不，不可能是這個意思。」接著提出他認為的譯法，而往往他的理解是正確的。他對《般若經》的內容熟稔至極，總能立刻指出：「不對不對，你翻錯了。」這樣一來，他無形中成為了我學習中文的重要助力。

（十）最後，如果不談談咖啡，恐怕就太失職了。畢竟，您和我都是咖啡的忠實愛好者，我們也曾一同品嘗過幾杯。我知道您對咖啡頗有研究，那麼能否請您分享一下：您平常偏好哪一類咖啡？每天又習慣喝些什麼？

我其實茶與咖啡都喜歡，但不得不承認，年紀漸長後，我愈發偏愛咖啡。這份偏好，大概始於我前往羅馬大學從事研究的那次經歷——那是我人生第一次品嘗義式濃縮咖啡（espresso），一喝便愛上，那是我從未體驗過的風味。自那以後，我便踏上了尋覓「完美濃縮」的旅程。至今，仍沒有哪一杯能與當年在羅馬那條小的巷弄裡，一位當地人遞給我的那杯相提並論。就這樣，在追尋完美濃縮的過程中，我也對拿鐵上了癮。隨著年歲增長，我改喝低咖啡因，畢竟攝取過量對身體不太適合。但我至今仍深愛咖啡——每天早晨，我會親手做一杯拿鐵，仍會加上一份濃縮，提振精神，迎接新的一天。

二、關於人間佛教

感謝您今天撥冗參與我們的線上訪談。我有一個關於人間佛教研究的問題想請教。在研究院的學術工作中，曾閱讀過許多關於人間佛教的文獻與研究，目前相關論述多以中國佛教為主軸。從歷史來看，人間佛教的理念最早由太虛大師提出，當時佛教仍多著重於超薦亡靈與喪葬儀式，他則強調佛法應立足於現世，開始提倡「人間佛教」。如今，人間佛教的理念與實踐已日益成熟，不僅深刻影響亞洲社會，也逐漸在西方國家扎根，造福更多人群。

（一）身為學者，我們應如何理解人間佛教在當代學術研究中的定位？我們是否仍應將其視為中國佛教傳承下的產物？或應進一步擴展視野，將那些雖未自稱為「人間佛教」，卻實踐相似理念與方法的傳統、寺院或團體納入討論範疇？您又是如何看待人間佛教在當代學術界的未來走向與研究展望？

這確實是一個相當複雜的問題。若要我指出當前最具代表性、最令人印象深刻的佛教實踐形式——不論是稱為「人間佛教」或僅稱為「佛教」，視個人觀點而定——我認為，最鮮明的例子，莫過於太虛大師與星雲大師弟子們的弘法實踐。我也認為慈濟所展現的宗教精神與實踐方式，亦與人間佛教相近。整體而言，在中國宗教發展仍受限制的年代，人間佛教逐漸發展為具有台灣特色的佛教形式，並已拓展至全球。與此同時，來自泰國與上座部傳統的入世佛教思潮，也提出類似觀點，強調佛教應積極回應當代社會與政治議題。因此，今日對於「人間佛教」的界定，已趨於寬廣與多元。

我認為，目前所能掌握的最為豐富的人間佛教相關資料，主要來自星雲大師的弘法紀錄與著作開示。若未來的學者希望理解他如何將佛教視為一種實踐方式，進而推動成為一場全球性的佛教運動，便必須深入研讀這些資料。這場運動在佛教史上具有深遠意義，並已在當代社會、經濟乃至政治層面，奠定其不可忽視的地位。因此，這確實不是一個能輕易回答的問題。

（二）我對人間佛教在全球的蓬勃發展與未來潛力深感讚嘆。面對如此迅速的變遷與擴張，身為學者，我們應如何與時俱進，把握時代脈動？又該如何拓寬自身的學術視野，更加深入地理解那些在「人間佛教」願景下，所孕育出的多元團體與實踐行動？

我們需要思考的一個重要問題是：當代佛教是否應積極回應來自歐洲與北美的思想潮流？在此過程中，佛教又是否能同時銘記並承續其遠遠早於二十世紀的深厚傳統？佛教自始即以人為本，佛陀本身便是一位覺悟的凡人。我認為，佛教與人類之間的互動與關懷，早已深植於歷史長河之中，並非二十世紀的新興現象。

我們當前正面臨文化挪用的問題。人們或可挪用佛教，自稱理解其本質，卻常忽略其深厚的歷史脈絡與文化淵源。作為學者，我們有責任牢記中國佛教典籍的形成歷程，以及這些經典在數個世紀以來如何被詮釋與實踐。我們今日所使用的詮釋框架與語言資源，並不足以涵蓋佛教的整體面貌。佛教本身亦須進行更深入的自我觀照與研究，嚴肅看待歷代修行者的實踐經驗，將其視為與現代「佛教應具備西方意義上的社會參與性」等觀點同等重要。若忽略這些歷史層面，將可能導致對佛教的理解產生偏差，甚至造成其歷史意涵的流失。以上，僅為我個人的一些思考。

（三）佛教的實踐應根植於其綿延悠久的文化傳統。若將文化脈絡剝離，可能使佛教對初學者，或對其原本無涉之人，喪失吸引力。我們該如何在踐行人間佛教時，兼顧對傳統文化與社會背景的承接，同時保持其在當代人群中的關聯性與吸引力？

如果有人認為佛教太著重於喪葬儀式，我並不認為佛教有什麼需要歉疚的。這有什麼不妥嗎？佛教在人們面對至親離世這種最脆弱的時刻，提供了慰藉與支持，滿足了他們的情感與心理需求。面對這些深層的人類情感問題，本就是一種正當且深刻的人間修行。

那麼，這樣的修行是否已經足夠或圓滿呢？人在生命中需要支持的時刻，遠不止面對死亡之時，如撫養家庭、維持生計等問題，同樣攸關重大。我不認為佛教需要割捨傳統的修行方式、轉而全然擁抱全新的實踐，我更傾向將這些發展視為一種延續與演變的過程。因此，我認為佛教徒應更加致力於對自身傳統的深入研究，而不應單純依賴像我這樣的西方學者。我們確實能有所貢獻，但並不足以涵蓋全部。

那些在村落裡，依循祖輩的方式修行佛教而長大的人，其觀點往往極具價值。某人的祖母所信仰的佛教，可能與那些受過高等教育、曾經旅行、在現代社會中更為世故且通曉雙語的人所理解的佛教有所不同。我的意思是，這樣的差異與課題，或許也會發生在你自身的生命經驗中。就生命而言，你與祖母、甚至曾祖母，在生活方式與信仰觀念上，有哪些不同？我認為，凡是歷經長久歲月而持續被實踐的事情，都值得我們探究與尊重。

在引入西方社會福祉觀念之前，佛教徒應當先停下腳步，認真反思自身的傳統。佛教經典與歷代實踐早已對心理、政治與經濟等議題有所回應，這並非新興現象。佛教徒自古便在面對這些社會層面的挑戰。唯有在深刻反思傳統的基礎上，才能審慎思考哪些理念值得延續，哪些部分則需要調整與補充，這才是關鍵所在。

三、關於佛教研究的未來

我想先就您近期的研究提出幾個問題。您曾談到佛教研究的轉向——從傳統的文本單一研究模式，逐步發展為結合考古學、地理學、政治學、民間文學與社會學的跨學科研究方法。您一直是這類研究的先驅，例如在ECAI海線佛教項目中所作的努力，並且您也一再強調科技在佛教研究未來發展中的關鍵角色。

（一）您是否能以您自身的研究為例，具體說明您是如何結合科技與多種學科進行研究的？

早在一九八〇年代末，我便意識到數位科技將成為主流，佛教研究也必須與之接軌。自此，我投入探索如何將數位工具應用於人文資料，並將此作為長期研究的重點方向之一。當時的初步工作，包括將佛教典籍進行數位化輸入電腦，以及思考如何運用地理資訊標記（geospatial references），來對研究資料進行編碼與定位。

在我最近的佛教海線研究中，面臨文本資料極為匱乏的挑戰，我們只能依據有限材料重構歷史脈絡。我著重於對考古遺址進行地理定位與影像記錄，並將這些實地資料視為數據，進一步追溯佛教經由海路傳播的軌跡。這是一項充滿挑戰卻令人振奮的工作，而此領域仍有廣大空間值得深入探索。

我們如今所理解的歷史建構，已不再局限於書面文獻，而是拓展至考古實證的領域。有些人將這樣的研究方法稱為「歷史主義」（historicism），用以指涉所有非書面材料的歷史詮釋方式，甚至帶有貶義。然而，透過對實體文物的研究與分析，我們得以獲取特定時空的寶貴資訊。新興科技在此發揮了巨大作用，例如，我們如今能將一塊磚或陶片的燒製年代準確推定至百年之內，往往比現存的書面記錄更為精確。即使我們讀到的是三百年前的文獻，也無法確定其中描述的建築是否其實早在千年前就已存在。而今天，借助科學技術，我們終於有能力對這些古老建構進行較為準確的斷代分析。

（二）您是否可以分享幾個例子，說明當文獻資料不完整時，您是如何透過其他學科，例如貿易史或物質文化，找到新的線索與發現的？

在斯里蘭卡，我曾研究過一尊莊嚴的觀世音菩薩像，這段經歷非常有趣。研究團隊獲准從雕像中取出少量金屬進行成分分析。結果發現，用於鑄造這尊雕像的合金中所含的鉛源自於地中海，他們甚至幾乎可以確定鉛的礦源位置；而鐵則來自印度，也能大致定位開採區域。此外，這尊雕像具備特定的圖像風格（iconographic form），我們可據此辨識出其他地區的類似作品，甚至追溯這類藝術傳統可能起源於印度東海岸。換句話說，這件斯里蘭卡的佛像融合了地中海的鉛、印度的鐵，以及印度本地的造像風格。這樣的發現揭示了當時世界的互動脈絡——貿易、旅行、文化交流。地中海的鉛是如何輾轉運抵斯里蘭卡的？這些

「微小的線索」正是我們今天透過科學方法得以發現的證據，像是對磚塊進行年代測定，或分析金屬佛像的材質構成。在考古領域，陶瓷是一種能長時間保存的物質，一片陶瓷碎片可以留存數千年。最近，我們聽聞在新加坡與印尼海域發現一艘滿載陶瓷的沉船，令人十分振奮。研究團隊將陶瓷打撈上岸後，竟能準確追溯出它們是在中國的哪個窯口燒製而成。這些數據不但可追溯，還具備高度精準性。以上就是我研究中一些具體的例子。

（三）我的下一個問題是關於「鏈接數據」（linked data）。您曾提到，將不同類型的資料加以整合與連結，具有相當重要的意義。那麼，從過去專注於單一數據類型（如文本），到如今運用多種異質資料進行研究，這樣的轉變對於學者本身及其研究方法會產生什麼樣的影響？

這有點像我們在研究佛教海線時所面臨的情況。船隻在海上航行，不會留下明確的痕跡，那麼我們如何得知它們的航行路線呢？關鍵在於，當時船隻主要依靠風力作為動力來源——雖然洋流也有幫助，但主導力量仍是風。風的運行模式極為穩定，例如季風系統，我們今日所掌握的氣候資料，讓我們能夠推測出古代船隻所使用的航線。因此，天氣與風力資料成為重建航行路徑的重要依據。

同樣地，我們也可以透過對航道沿岸遺址的磚瓦等進行年代測定，來推估佛教在某地活躍的時間點。雖然我們有一些來自朝聖者的文字記錄，但如今，透過科技、考古學、冶金學與陶瓷研究等不同領域的資料，我們得以對這些文本進行更深入的理解與補充。事實上，我們正逐步藉由這些技術手段，重新書寫佛教的歷史脈絡。例如，我們能夠測定從湄公河三角洲淤泥中出土的木雕佛像年代，並推估其有八成機率是在一千五百年前製作而成。這類定年技術目前仍在起步階段，且成本頗高，不可能用於每一處遺址。但我們已經開始用它來繪製特定考古元素的分布圖，並與其他地區出土的類似物件進行比對。舉例來說，若在十四個不同地點發現相似陶瓷，這未必說明那是一個帝國的勢力範圍，也不一定代表文化一體性，而更可能揭示這些地點之間曾經存在的貿易與交流活動——或物品如何被運送到一個當地人甚至不知其產地的地區。這些線索讓我們看到一個更廣泛的互動網絡，而這正是過去文獻所難以捕捉的面向。

因此，我們正處身於一個交叉學科的研究時代。這也是我特別喜歡「跨學科」（transdiscipline）一詞的原因。當我們面對一項研究問題時，應該善用一切可取得的證據、參考資料與不同學科的知識資源，協助我們理解手中的資料。不應將研究局限於考古學、人類學或文本批判等單一領域，而應盡可能拓展視野，尋求所有可能的詮釋與解答途徑。我們的原則就是：凡有助於理解的，皆可收錄，研究中沒有任何事物被排除在外。

（四）我最後一個問題是：對於佛教研究懷有熱忱的研究生，或剛畢業、即將踏入學術界的年輕學者，您是否能為他們說幾句勉勵的話？

這是一段非常正面的訊息。對年輕學者來說，能夠認識到自己可以在某個專門領域中深入鑽研，並成為真正的專家，是極為重要的。即使所研究的領域較為狹窄，透過專業訓練，學者仍能將自己的發現與其他領域的成果建立深層連結，從而拓展研究的深度與廣度。當然，這並不意味著每個人都必須精通陶瓷學、冶金學等其他領域。我們不必如此，也無需如此。相反地，我們應該致力於培養自己的核心能力，既能提供準確可靠的數據，也能對其提出深具洞見的詮釋。然而，我們的視野不應止步於此。作為一位從事文本研究的學者，我並不認為對某段文獻的發現就是研究的終點，而應將這些資料分享出來，與其他領域的成果相互對話與參照，讓學術探究得以持續深化與拓展。

因此，我給年輕學者的建議是：精進自身專業，培養發掘與建立關鍵數據的能力；同時，也要懂得合作與分享，與他人攜手整合龐雜而多元的知識資源。在這個學科交織、多元共構的時代，若想獨力完成一項具規模與深度的研究，幾乎是不可能的任務。但合作也正是一種助力，因為你不必獨自承擔，而是可以結交志同道合的夥伴，彼此互補、相互成就。

恰如我們推動的「佛教海線絲綢之路」計劃，至今已有超過百位來自各領域的專家參與，從影像拍攝、後製剪輯，到聲音設計與環境音效的重建，每一項都是專業所成，難以逐一細數。如今，這項展覽已在佛陀紀念館呈現，透過跨學科合作的結晶，觀眾得以在三維虛擬實境、沉浸式空間、文本、聲音與影像的交織中，具體感受到我今日所談的一切——沒有任何一個元素被排除在外。

這，正是我想傳達的核心訊息。

於高雄佛光山出席「佛光山佛教青年學術會議」。
1990 年 1 月 1~3 日（攝於佛光山舊寶橋）

於美國西來大學十五週年校慶與星雲大師合影，時任西來大學校長。
2005 年 3 月 1 日

與星雲大師合影於佛光山大雄寶殿旁，老朋友的最後一次相聚。
2019 年 10 月 14 日

參加「2023 年星雲大師紀念學術論壇——佛教海線絲綢之路暨佛陀紀念館十周年新書發布會」，並發表主題演說。地點：佛光山佛陀紀念館。（攝於臨別時刻）
2023 年 6 月 3 日

國家圖書館出版品預行編目（CIP）資料

邂逅佛教：人世間的一處歸宿 / 路易斯.蘭卡斯特(Lewis R. Lancaster)著；李苑嫣, 林寧靜, 黃馨玉翻譯. -- 初版. -- 高雄市：佛光文化事業有限公司, 2025.08
336面；14.8x21公分
譯自：Buddhist encounters : finding a home in the human condition.
ISBN 978-957-457-882-5(平裝)

1.CST: 佛教修持

225.87 114010507

邂逅佛教　人世間的一處歸宿

作　　者｜路易斯·蘭卡斯特 Lewis R. Lancaster
責任編輯｜妙光法師、李苑嫣
翻　　譯｜李苑嫣、林寧靜、黃馨玉
校　　潤｜如地法師、潘青霞、王一帆、陳一銘、陳怡靜、知成法師、知進法師、知宇法師
插　　圖｜李苑嫣、包忠蕙、吳依穗、趙冠茹
美編設計｜解構創意廣告設計

創 辦 人｜星雲大師
發 行 人｜心培和尚
出　　版｜佛光文化事業有限公司
高雄市大樹區興田路149號
電　　話｜+886-7-656-1921 (Ext. 6664 - 6669)
https://www.fgsbooks.com.tw
出版日期｜2025年8月
版　　次｜初版一刷
定　　價｜320元 台幣 （平裝）

I S B N｜978-957-457-882-5（平裝）